蔚为壮观的汉家陵阙

汉景帝阳陵博物院

主　编　李炳武

本册主编　陈　波

西安出版社

图书在版编目（CIP）数据

蔚为壮观的汉家陵阙：汉景帝阳陵博物院 ／ 李炳武
主编. —— 西安：西安出版社, 2018.11（2021.5重印）

ISBN 978-7-5541-3518-1

Ⅰ. ①蔚… Ⅱ. ①李… Ⅲ. ①博物馆－历史文物－介
绍－咸阳 Ⅳ. ①K872.413

中国版本图书馆CIP数据核字（2018）第275742号

蔚为壮观的汉家陵阙

汉景帝阳陵博物院

WEIWEIZHUANGGUAN DE HANJIALINGQUE
HANJINGDI YANGLING BOWUYAUN

出　版　人：屈炳耀
主　　　编：李炳武
本册主编：陈　波
策划编辑：李宗保　张正原
项目统筹：张正原
责任编辑：何　岸
责任校对：曹改层
责任印制：尹　苗
出版发行：西安出版社
社　　　址：西安市曲江新区雁南五路1868号影视演艺大厦11层
电　　　话：（029）85253740
邮政编码：710061

印　　　刷：永清县晔盛亚胶印有限公司
开　　　本：787mm×1092mm　1/16
印　　　张：14.5
字　　　数：137千
版　　　次：2018年11月第1版
印　　　次：2021年5月第2次印刷
书　　　号：ISBN 978-7-5541-3518-1
定　　　价：88.00元

如有印刷、装订问题，本社负责另换。

编委会

"丝路物语"书系(第一辑)

出版人　屈炳耀

主　编　李炳武

学术顾问　郑欣淼

策划编辑　张正原

李宗保　张正原

编委(以姓氏笔画为序)

王庆卫　王　梅　申秦雁　田　静

任新来　肖　琦　余红健　张志攀

张晓梅　陈　波　陈　亮　庞雅妮

姜　捷　魏乾涛

项目统筹　张正原

本册主编　陈　波

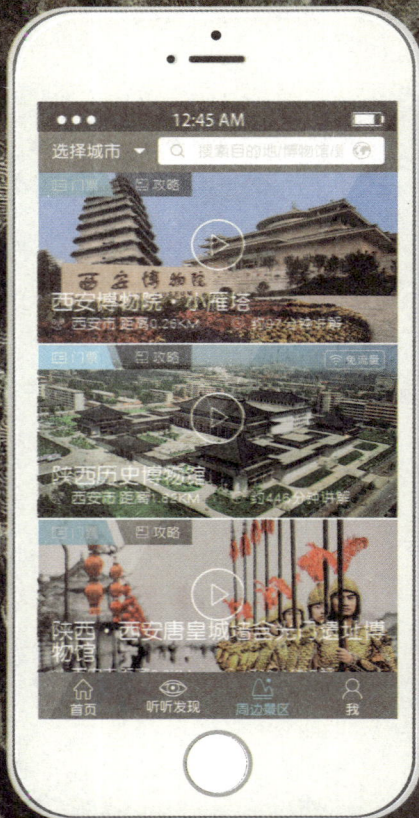

阅读文物 拥抱文明

郑欣淼

文物所折射出的恒久魅力，已为越来越多的人所认识。今天呈现在读者面前的这部"丝路物语"书系，就是这一魅力的具体体现。

"让收藏在博物馆里的文物、陈列在广阔大地上的遗产、书写在古籍里的文字都活起来。"（习近平语）党的十八大以来，习近平总书记担负着实现中华民族伟大复兴的历史重任，饱含着对传统文化的深厚感情，让文物活起来始终为其所关注、所思考。让文物活起来，就是深入挖掘文物的内涵，充分发挥文物的作用。中国文物是中华民族的文明印记和精神标识，是全体中国人乃至全人类的珍贵财富；它对于激发人民群众对中华优秀传统文化的了解、认同和热爱，坚定文化自信，汇聚发展力量等作用是不言而喻的。

近年来，一些优秀的文物类书籍、综艺节目、纪录片、文化创意产品等不断涌现，文化遗产元素成为国家外交的桥梁，文物逐渐成为"网红"并受到越来越多年轻人的青睐，这些都充分彰显着"让文物活起来"已逐渐从理念转化为行动，那些在历史长河中积淀下来的文物珍存正在不断走近百姓、融入时代、面向世界。

说到文物，不能不把眼光聚焦于丝绸之路。人类社会交往的渴望推动了世界文明间的相互交融和渗透，中华文明与亚、欧、非三大洲的古代文明很早就发生接触，相互影响，相互交流。直到1877年，德国地理学家李希霍芬在他的著作《中国——我的旅行成果》里首次提出了"丝绸之路"的概念。近半个世纪以来，随着丝绸之路考古发现和学术研究的不断深入，极大地开阔了人们的视野。特别是"一带一路"倡议的全面推进，丝绸之路研究更成为国际显学。在古代文明交流史上，丝绸之路无疑是极其璀璨的一笔。它承载着千年古史，编织着四方文明。也正因为丝绸之路无与伦比的历史积淀，形成了独特的历史文化遗产，其数量之大、等级之高、类型之丰富、序列之完整、影响之深远，都是世所公认的。神秘悠远的古代城址、波澜壮阔的长城关隘烽燧遗址、精美绝伦的艺术品、气势磅礴的帝王陵墓、灿若星辰的宫观寺庙、瑰丽壮美的石窟寺……数不清道不尽的文物珍宝，足以使任何参观者流连忘返，叹为观止。2014年，"丝绸之路：长安—天山廊道的路网"成功跻身《世界文化遗产名录》，使丝绸之路迎来了新的历史机遇，也对广大文化文物工作者提出了新的要求。

"让文物说话，把历史智慧告诉人们。"这是习近平总书记的谆谆嘱托。中华文化优雅如斯，如何让文物说话，飞入寻常百姓家，是当下无数文化界人士亟待攻坚的课题，亦是他们光荣的使命。客观来讲，丝绸之路方面的论著硕果累累，但从一般读者角度，特别是从当下文化与旅游结合角度着眼的作品不多，十分需要一套全面系统地介绍丝绸之路文物故事的读物。令人欣喜的是，西安出版社组织策划了这套颇具规模的"丝路物语"书系，并由李炳武先生担任主编，弥补了这一缺憾。李炳武先生曾经长期在文物文化领域工作，也主持过"中华国宝·陕西珍贵文物集成""长安学丛书"和《陕西文物旅游博览》等大型文物类图书的编纂工作，得到了业界的充分肯定；加之丛书的作者都是有专业素养的学者，从而保证了书稿的质量。

如何驾驭丝绸之路这样一个纵贯远古到当今、横贯地中海到华夏大地的话题，对于所有编写者来说，都是具有挑战性的。这套书的优点或者说特点，可以概括为以下几个方面：

这套书最大的一个优点，就是大而全。从宏观的视野，用简明的线条，对陆上丝绸之路的博物馆、大遗址进行了全景式梳理，精心遴选主要文物，这些国宝的历史、艺术和科学价值在字里行间一一呈现。

丝绸之路文化遗产类型丰富，作者在文中并没有局限于文物本身的解读，还根据文物的特点做了大量的知识拓展，包括服饰的流变，宗教的传播，马匹的驯化，葡萄等水果的东传，纸张的发明和不断改进，医学的发展，乐器、绘画、雕刻、建筑、织物、陶瓷等视觉艺术的交互影响，等等。其中既有交往的结果，也有战争的推动。总体而言，这些内容是讲述丝绸之路时所不可或缺的内容，使读者透过文物认识了丝绸之路丰富的文化内涵。

值得称道的是，这套书采取探索与普及相结合的方式，图文并茂，力文避免学究气的艰涩笔调，加入故事性、趣味性，使文字更具可读性，达到雅俗共赏的目的。通过图书这一载体，能够使读者静静地品味和欣赏这些文物，传达出对历史的沉思和感悟，完善自己对文物、丝绸之路和文化的认知。读过这套书后，相信读者都会开卷有益，收获多多，文物在我们眼中也将会是另一番面貌。

我们有幸正处于坚持以人民为中心的改革发展伟大时代，每一件文物，都维系着民族的精神，让文物活起来，定会深入人心、蔚为大观。此次李炳武先生请我写序，初颇踌躇，披卷读来，犹如一场旅行，神游历史时空之浩渺无垠，遐思华夏文化之博大精深。兼善天下，感物化人历来是每一个中国知识分子的精神所属，若序言能为一部作品锦上添花，得而为普及民众的文物保护意识起到促进作用，何乐而不为？

是为序。

· 郑欣淼 ·
原中国文化部副部长、故宫博物院原院长、中华诗词学会会长、著名历史文化学者。

丝路物语话沧桑

李炳武

2013 年 9 月，中国国家主席习近平访问哈萨克斯坦时，在纳扎尔巴耶夫大学发表演讲，首次提出共同构建"丝绸之路经济带"的宏伟倡议。2014 年 6 月，"丝绸之路：长安—天山廊道的路网"成功跻身《世界文化遗产名录》。

丝绸之路是世界上路线最长、影响最大的文化线路。丝绸之路是指起始于古代中国的政治、经济、文化中心——古都长安（今西安）连接亚洲、非洲和欧洲的古代陆上商业贸易路线。它跨越陇山山脉，穿过河西走廊，通过玉门关和阳关，抵达新疆，沿绿洲和帕米尔高原通过中亚、西亚和北非，最终抵达非洲和欧洲，向南延伸到印度次大陆。这条伟大的道路沟通了中国、印度、希腊三大文明，它是一条东方与西方之间经济、政治、文化进行交流的主要道路，促进了欧亚大陆不同国家、不同文明之间在商贸、宗教、文化以及民族等方面的交流与融合，为人类社会的共同发展和繁荣做出了卓越贡献。

公元前 138 年，使者张骞受汉武帝派遣从陇西出发，出使月氏。13 年中，他的足迹踏遍天山南北和中亚、西亚各地。在随后的 2000 多年间，无数商贾、旅人沿着张骞的足迹，穿越驼铃叮当的沙漠、炊烟袅袅的草原、飞沙走石的戈壁，来往于各国之间，带来了印度、阿拉伯、波斯和欧洲的玻璃、红酒、马匹，宗教、科技和艺术，带走了中国的丝绸、漆器、瓷器和四大发明，举世闻名的丝绸之路渐渐形成。

用"丝绸之路"来形容古代中国与西方的文明交流，最早出自德国著名地理学家李希霍芬1877年所著的《中国——我的旅行成果》一书。由于这个命名贴切写实而又富有诗意，很快得到学术界的认可，并风靡世界。

近年来，丝绸之路迎来了新的历史机遇，沿丝绸之路寻访探秘的人络绎不绝。发展丝路经济，研究丝路文明，观赏丝路文物成了新时代的社会热潮。中央文化产业发展专项资金资助项目"丝路物语"书系便应运而生。在本书和读者见面之际，作为长安学研究者、"丝路物语"书系的主编，就该书的选题范围、研究对象、编写特色及意义赘述于下：

"丝路物语"书系，以"丝绸之路：长安—天山廊道的路网"遗产及相关博物馆为选题范围。该遗产项目的线路跨度近5000千米，沿线包括了中心城镇遗迹、商贸城市、聚落遗迹、交通遗迹、宗教遗迹和关联遗迹五类代表性遗迹以及沿途丰富的特色地理环境。共计包括三个国家的33处遗产点，其中吉尔吉斯斯坦境内3处，哈萨克斯坦境内8处，中国境内22处。属丝绸之路东段的重要组成部分，在丝绸之路交通与交流体系中具有独特的起始地位和突出的代表性。它形成于公元前2世纪，兴盛于公元6至14世纪，沿用至16世纪，连接了东亚和中亚大陆上的中原地区、河西走廊、天山南北与七河地区四个地理区域，分布于今中华人民共和国、哈萨克斯坦共和国和吉尔吉斯斯坦共和国境内。沿线遗迹或壮观巍峨，或鬼斧神工，或华丽精美，见证了欧亚大陆在公元前2世纪至公元16世纪之间人类文明进步的重要阶段，以及在这段时间内多元文化并存的鲜明特色。

"丝路物语"书系，每册聚焦古丝绸之路上的一座博物馆、一处古遗址或一座石窟寺，力求立体全面地展示丝绸之路上的历史遗存、人文故事和风土人情。这是一套丝绸之路旅游观光的文化指南，从中可观赏到汉代桑蚕基地的鎏金铜蚕，饱览敦煌石窟飞天的婀娜多姿，聆听丝路古道上的声声驼铃。古丝绸之路是人类文明的宝贵遗产，记录着社会的沧桑巨变，这也是一部启封丝路文明的记忆之书。

"丝路物语"书系，以阐释文物为重点。文物是中华民族的精神标识。"要让收藏在博物馆里的文物、陈列在广阔大地上的遗产、书写在古籍里的文字都活起来。"这对于激发人民群众对中华优秀传统文化的了解、认同和热爱，坚定文化自信，汇聚发展力量不可小觑。

文物是不可再生的国之珍宝，从中可折射出人类文明的恒久魅力。对文化的认同感与归属感应当成为一种生活状态。我们从梳理丝绸之路沿线博物馆馆藏文物、石窟寺或大遗址为契机，从文化的立场阐释文物的历史意义，每篇文章涵盖了文物信息的描述、历史背景的介绍、文物价值的分享和知识链接等板块，在聚焦视角上兼顾学术作品的思想层与通俗作品的故事层双重属性，清晰地再现文物从物质性到精神性的深层转变，着力探讨文物作为一种精神力量对历史的思考。用时空线索描绘丝绸之路的卓越风华，为读者梳理丝绸之路的文化影响，以文物揭示历史规律，彰显更深层、更本质的文化自信，激发读者的民族自豪感。"丝路物语"书系以文物为研究对象，从中甄选国宝菁华，讲述它们的前世今生。试图让读者从中感受始皇地下军团的烈烈秦风，惊叹西汉马踏匈奴的雄浑奔放，仰慕大唐《阙楼仪仗图》的盛世恢宏，这是一部积淀文化自信的启智之作。

  "丝路物语"书系，以互动可读为特色。在大众传媒多元数字化的背景下，综合运用现代科技的引进更能推动文化传播的演变进入一个崭新的领域，相契于文字的解读，更透出传统文化的深邃意蕴。为多维度营造文化解读的可能性，吸引更多公众喜欢文物、阅读文物，"丝路物语"可谓设计精良，处处体现出反复构思、创新的态度。设计重点关注视觉交流的层面，借助丰富的图像资料和多媒体技术大幅强化传统文化元素可视、可听、可观的直接特征，有效提升文化遗产多维度的观感效果。古人著书立说重字画兼备，"宣物莫大于言，存形莫善于画"，所以由"图书"一词合称。本书系选用了大量专业文物图片，整体、局部、多角度展示，让读者在阅读文字之余通过精美的图片感受文化的震撼与感动，让读者更好地认知历史、感知经典，体验当代创新之趣。

  "丝路物语"书系，以弘扬互利共赢的丝路精神为使命。"丝绸之路：长安—天山廊道的路网"在东亚古老的华夏文明中心和中亚历史悠久的区域性文明中心之间建立起长距离的交通联系，在游牧与定居、东亚与中亚等文明交流中具有重要意义，并见证了古代亚欧大陆人类文明与文化发展的主要脉络及若干重要历史阶段以及突出的多元文化特征，是人类进行长距离交通、商贸、文化、宗教、技术以及民族等方面长期交流与融合的文化线路杰出范例。

2000 多年前，我们的先辈筚路蓝缕，穿越草原沙漠，开辟出联通亚欧非的陆上丝绸之路。这不仅是一条通商易货之道，更是一条文化交流之路。沿着古丝绸之路，中国将丝绸、瓷器、漆器、铁器传到西方，也为中国带来了胡椒、亚麻、香料、葡萄、石榴。沿着古丝绸之路，佛教、伊斯兰教及阿拉伯的天文、历法、医药传入中国，中国的四大发明、养蚕技术也由此传向世界。更为重要的是，商品和文化交流带来了观念创新。比如，佛教源自印度，却在中国发扬光大，在东南亚得到传承。儒家文化起源于中国，却受到欧洲莱布尼茨、伏尔泰等思想家的推崇。这是交流的魅力，互鉴的成果。这些各国不同的异质文化，犹如新鲜血液注入华夏文化肌体，使脉搏跳动更为雄健有力。古丝绸之路绵亘万里，延续千年，积淀了以和平合作、开放包容、互学互鉴、互利共赢为核心的丝路精神。

新时代、新丝路、新长安。2017 年，习近平主席在"'一带一路'国际合作高峰论坛"上指出：古丝绸之路是人类文明的宝贵遗产。为让这些遗产、文物鲜活起来，西安出版社策划出版的"丝路物语"书系，承载着别样的期许与厚望，旨在以丝绸之路的隽永品格对话当代社会的文化建构，以高度的文化自觉唤醒当代社会的文化自信。

我们作为丝绸之路起点长安的文化工作者，更应该饱含对传统文化的深厚感情，自觉担负起实现中华民族伟大复兴的历史重任，充分运用长安学的最新研究成果，为保护、研究和传承人类文明的宝贵遗产尽心尽力，助推"一带一路"伟大事业的蓬勃发展。

精品力作是出版社的立身之本，亦是文化工作者的社会担当。"丝路物语"书系的出版，凝聚着众多写作和编辑人员的思考与汗水。借此，特别感谢郑欣淼部长的热情赐序；感谢策划人、西安出版社社长屈炳耀先生的睿智选题与热情相邀；感谢相关遗址、博物馆领导的支持和富有专业素养的学者和摄影人员的精心创作；更要感谢西安出版社副总编辑李宗保和编辑张正原认真负责、卓有成效的工作。

"丝路物语"书系的出版虽为刍荛之议、管窥之见，但西安出版社聆听时代声音、承担时代使命以及致力于激活文化遗产、传播中国声音的决心定将引领其走向更远的未来。

是为序。

· 李炳武 ···
陕西省文物局原副局长、陕西省文史馆原馆长、"长安学"创始人、陕西师范大学国际长安学研究院首任院长、三秦文化研究会会长、长安研究中心主任、著名历史文化学者。

目录

丝路物语

■ 汉景帝阳陵博物院

『周言成康、汉言文景』，汉景帝刘启，西汉第四代皇帝，对内『崇尚黄老、与民生息』，对外『和亲匈奴、韬光养晦』，礼乐礼法使得上下和睦、内外平和，统治者怀揣着仁义来治理万邦，创造了西汉前期的太平盛世。汉景帝阳陵经过近半世纪的考古勘探和发掘，大量的精美艺术品无论是品类、规格还是艺术风格都透射出了大汉帝国的盛世荣光和天子威仪，充分彰显着极其复杂的治国韬略。『乐游原上清秋节，咸阳古道音尘绝。音尘绝，西风残照，汉家陵阙』。汉景帝阳陵——这长安城北最宏伟的天际线就在眼前。

汉景帝阳陵

汉文化的瑰宝

　　汉阳陵是汉景帝刘启及其皇后王氏同茔异穴的合葬陵园。汉景帝刘启是西汉第四位皇帝，他继续秉承和发扬汉文帝的治国理念，对内"崇尚黄老、力行节俭、无为而治、与民休息"，削弱地方势力、平定"七国之乱"；对外与匈奴和亲，为国家经济的发展创造良好的外部环境。经过父子两代人四十多年的努力，整个西汉社会开始呈现出政治清明、国家安定、经济繁荣、百姓富足的局面，中国古代封建史上第一个高峰时期由此到来，史称"文景之治"。"文景之治"时期为汉武帝开疆拓土、北击匈奴、开通"丝路"、实行"大一统"奠定了坚实的物质基础，东汉史学家班固在《汉书》中盛赞到："周言成康、汉言文景，美哉！"汉景帝阳陵位于西安北郊渭河北岸的五陵原上，距今西安市中心20多公里，地跨今咸阳市渭城区、

● 汉景帝阳陵陵园

泾阳县和西安市高陵区三地。整个陵园东邻泾河与渭河交汇的"泾渭分明"处，西接西汉开国皇帝高祖刘邦长陵，背靠九嵕（zōng）高山之雄浑，南望秦岭终南之秀色，水深土厚、地势高敞，古代所谓风水极佳者，莫过如此。

汉阳陵是我国目前唯一一座经过全面科学勘探和系统考古发掘的西汉皇家陵园，是我国目前汉代帝陵中形制结构最为清楚、营造理念最为清晰、科研工作最为深入、学术成果最为丰硕的帝陵遗址。在近30年的考古工作中已经明确整个汉阳陵遗址由帝陵陵园，后陵陵园，南北区从葬坑，礼制建筑遗址，陪葬墓园，陵邑遗址，刑徒墓地等几部分组成。其中帝陵坐西向东，居于陵园中部偏西；后陵、南区从葬坑、北区从葬坑、一号建筑基址等距分布于帝陵四角；嫔妃陪葬墓区和罗经石遗址位于帝陵南北两侧，左右对称；刑徒墓地及三处建筑遗址在帝陵西侧，南北一字排列；陪葬墓园棋盘状分布于帝陵东侧的司马道两侧；阳陵邑则设置在陵园最东端。

　　整个汉阳陵陵园规模宏大、布局完整、主次分明、结构严谨，它全面揭露了西汉帝陵的建造与布局，揭示了帝后陵及其外藏坑的考古学和历史学意义，展现出礼制性建筑及陪葬墓园在功能上的区分，为研究中国封建社会早期帝王陵园的建筑形式、规模、内涵和影响提供了十分珍贵的物质文化资料。鉴于汉阳陵丰富的历史文化内涵和多种多样的物质遗存，1999年经陕西省政府批准，汉阳陵博物馆正式建成并对外开放，目前共有汉阳陵考古陈列馆、汉阳陵帝陵外藏坑遗址保护展示厅、南门阙遗址保护展示

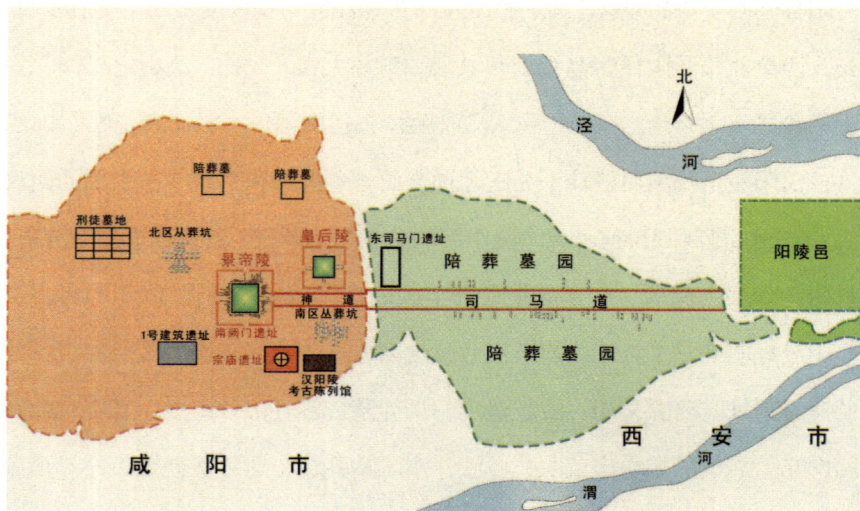

● 汉阳陵陵园遗址示意图

● 13号外藏坑

厅及宗庙遗址保护展示区等多处遗址保护和展示区域对外开放。

帝陵陵园

帝陵陵园是汉阳陵陵园内的核心建筑，整个帝陵陵园平面呈正方形，四边皆为长418米、宽4—4.2米的夯土垣墙。垣墙每个方向的正中都有一个三出样式的阙门。阙是我国古代设置在宫殿、城垣、陵墓、祠庙大门两侧体现等级和尊卑的高层建筑。1998年和2011年，考古工作者分别对帝陵南门阙和东门阙进行了考古发掘，发掘结果显示帝陵南门阙遗址由东西两个对称分布的阙台组成，每一个阙台在平面都呈现出由内向外、大小依次递减的三个长方形结构，根据相关文献的记载，该种阙的建筑结构应是中国古代最高等级的阙门样式——三出阙，也是我国目前经过科学发掘的面积最大、等级最高、时代最早的三出阙遗址。帝陵东门阙的规模和形制均与帝陵南门阙形似。考古证据显示东门阙经历了多次修缮，最终因一场猛烈的大火而毁弃。阙台的下部保留了青灰色的墙皮迹象，结合南门阙发掘过程出现的红色墙皮迹象可以确定"五行"思想已经运用到了陵园的营建中。

帝陵的封土位于陵园的中心，底部边长 170 米、顶部边长约 60 米、高度则达到了 32 米多，远远望去如山一样的巍峨，因此在古代也被称为"山陵"。由于它的形状非常像一个倒扣着的"斗"，故而考古学家又形象地称其为"覆斗形封土"。帝陵封土之下便是汉景帝长眠的墓室，称为"方中"。墓室四周有四条墓道向外延伸到地面，考古学上称为"亚"字形墓。由于秦汉时期墓葬的朝向主要为坐西向东，故而帝陵东边的墓道是四条墓道中最长的一条。在中国古代，四条墓道只有天子级别才可以使用，诸侯王级别的只能使用两条墓道，一般的贵族及大臣只能使用一条墓道，而一般平民的墓葬则是没有墓道的。

1990 年，西安咸阳国际机场专用公路修建至汉阳陵附近时，工人们在帝陵封土东南处发现了大量的文物遗迹，经过考古工作者的现场勘探和考古发掘后，确定帝陵东南和西北方向 450 米处，各有占地约 96000 平方米的两处地下遗迹，遗迹内各有对称分布的从藏坑 24 座。其中最长的有 299 米，最短的只有 25.2 米，坑的宽度一般是 3.5 米左右，最宽的有 10 米，坑与坑之间的间隔为 20 米左右。虽然帝陵外藏坑原有的木质结构已经不存，但是在外藏坑中还是出土了大量的文物，主要包括各种身份和性别的着衣式陶俑、各类陶塑家畜、原大或缩小为三分之一的木车马、各种质地的生活器具和兵器以及粮食、肉类、纺织品等生活消费品，可谓种类齐全，洋洋大观。尤其是坑内出土的"宗正之印""徒府""东织令印""大官之印""永巷丞印""内官丞印"等金属印章和封泥，足以证实这里代表着当时的"宗正"和"少府"所在，说明了围绕帝陵分布的81个外藏坑极有可能象征着当时西汉王朝中央官署的"九卿"机构。这一重要发现对于研究西汉帝王陵寝制度以及西汉中央官署机构的设置有着难以估量的价值。

后陵陵园

后陵陵园位于帝陵陵园东北450米处，其形制在平面上同样为正方形，只是规模较帝陵陵园相比要小一些。陵园四方形的夯土围墙边长约350米，四墙正中各有一个三出门阙。后陵的封土位于陵园中部，呈覆斗状。方位坐西向东，形制与帝陵相同，也呈"亚"字形，东、南、西、北各有一条墓道，其中东侧墓道最长、最宽。后陵封土四周的地下分布有外藏坑31座。由于外藏坑没有进行考古发掘，因此对其内涵及埋藏物还无法进行推测和判断。

比较有趣的是后陵封土南侧中部前立有圆首方趺素面的石碑一通，上书"汉惠帝安陵"五个大字，落款内容为"赐进士及第兵部侍郎陕西巡抚兼督察院右副都御史加五级毕沅谨书，大清乾隆岁次丙申孟秋，知咸阳县

● 汉阳陵后陵园

事孙景燧立石"。据考证该碑是乾隆时期陕西巡抚毕沅为在陕西关中境内汉唐帝陵墓所立的正名碑。由于汉代帝陵经历了两千多年的自然和人为破坏，地表建筑早已破败、损毁，再加毕沅疏于考证，故而误将阳陵陵园内的王皇后陵认作汉惠帝的安陵，故而才出现了一个陵园内出现两座皇帝陵园的"景观"。

宗庙建筑遗址

宗庙建筑遗址位于帝陵东南方，这里地势隆起，外貌呈缓坡状。遗址中心部分的最高处放置一块方形的大石头，被当地群众称为"罗经石"。它是用整块黑云母花岗岩雕凿而成，南北长 183 厘米，东西宽 180 厘米，厚 40 厘米。石板上边有一个加工成直径为 140 厘米的圆盘，圆盘表面刻有十字凹槽，槽宽、深各为 2.3 厘米左右。1998 年经过陕西省测绘局测定，罗经石上的"十"字凹槽的四方所指均为正方形。

1999 年，考古工作者对宗庙建筑遗址进行了考古发掘，结果显示该遗址平面呈"回"字形布局，主要由围墙、四面门址、四门址旁的井、四

● 宗庙遗址发掘现场

角的曲尺形配房、门址与中心建筑之间的通道及位于中部的中心建筑等部分组成，结构严谨、布局规整，应是汉景帝的陵庙"德阳宫"遗址的所在，这也是我国目前发现最早的汉代陵庙遗址。

陪葬墓园

西汉时期，帝王陵园在设计建造时，都会预留下一片区域，用于那些皇帝宠信的权贵在死后安葬，这些墓葬在考古学上被称为陪葬墓。能够在帝陵陵园里陪葬的都是统治集团的上层人物，例如开国元勋、国家栋梁，但更多的是皇亲国戚、宠妃爱嫔，这是一种身份、地位的标志和象征，也是一种特别高规格的政治待遇，其本质上是陪葬者希望能够在另一世界继续陪伴、侍奉、保卫皇帝，以确保自己生前的一切待遇都能够在另一个世界继续延续下去。

目前，汉阳陵陵园内已经发现的陪葬墓区有两个，分别位于帝陵的北侧和东侧两个区域。

北区陪葬墓园距帝陵陵园以北约1000米处，为汉景帝嫔妃陪葬区。现存大型陪葬墓两座，其

● 出土的陪葬动物俑群

● 发掘中的帝陵从葬坑

中东侧的一座被称为"栗妃墓"，据说是汉景帝失宠的妃子栗妃死后所葬之墓。东区陪葬墓园位于帝陵东侧 1100 米处，总面积约 3.5 平方公里，墓园的东西各有南北向壕沟，作为陪葬墓园葬区的东西界限，这里主葬的汉景帝时期的贵族及大臣们，它们如同棋盘一样排列于帝陵东司马道的南、北两侧，模仿的应是皇帝生前上朝与进行其他大型朝会时，大臣们在未央宫东阙门外等候、准备面见君王的场景。

根据文献记载，陪葬阳陵的有汉武帝时期的丞相李蔡、抗击匈奴有功的苏建等人。而发掘出土的"尹起""周应""陈福""熊相胜胡"等印章，证明这些在文献上较少出现过的人最终也安寝阳陵，陪伴在景帝身旁，无疑都是景帝时代的贵族官僚。这些印章的出土，像一条条线索一样，可以帮助我们勾勒出景帝时期贵族官僚陪葬制度的大致面貌，也是我们深入研究西汉前期历史不可或缺的珍贵资料。

阳陵邑遗址

秦汉时期，帝王陵园在修建时多在陵区北部或东部建置陵邑，这么做一是为了供奉陵园，也就是为皇帝守陵；二是为了繁荣京郊地区的经济和文化。汉景帝在开始修建阳陵的第二年就从全国各地招募迁徙了约十万人口，并赐给每户铜钱二十万。经过考证，这些迁徙来的人口主要为关东地区的地方豪强和富家大户，这些人的迁入极大地促进了当地经济和文化的发展，使得阳陵地区成为一个商贾云集、社会繁荣的京畿重地。

● 阳陵陪葬墓

出土的印章

出土的印章

尹起 铜印

阳陵邑故城遗址位于东区陪葬墓园东部，东西长 4500 米，南北宽 1000 米，总面积 4.5 平方公里。目前已探明呈东西向的街道 11 条，南北向街道 31 条，共组成 200 余个里坊。城市主街道宽 62 米，将陵邑分为南北两个部分。钻探与发掘结果表明北部建筑规模较大且内涵丰富，结合出土文物及遗址分析应为官署区；南部建筑规模较小且遗存简单，应为民居区。在陵邑的南部探明一段 970 米长的城墙，墙外有护城壕。城内发现有大量的烧造建筑材料和生活用具的陶窑，出土了为数众多的砖瓦等建筑材料，清理出房屋建筑遗迹多处，伴随有大量生活用具、封泥、货币等文物出土。阳陵邑作为西汉时期的中小城市，其城内的建筑规模与形制体现出当时全国各地达官显贵、大户豪强在同一座城市中不同的建筑等级和风格，对于研究西汉陵邑制度提供了大量重要的内容。

　　到了西汉中晚期，修建于咸阳塬上的西汉帝王陵园中的 5 座都设有陵邑，因此，咸阳塬又被称为五陵塬。生活在五陵塬上的富家公子，整日

● 东阙门遗址现场大量的红烧土堆积

彩绘骑兵俑出土现场

无所事事、游手好闲、生活奢靡,因此,当时的人们便把这些纨绔子弟称为"五陵少年"。杜甫诗中曰:"同学年少多不贱,五陵衣马自轻肥",白居易诗句"五陵少年争缠头,一曲红绡不知数"便是对他们生活的真实写照。

(陈波)

着衣式陶俑

赤身裸体 惊世骇俗

西汉（前206 — 25）

高57厘米

出土于汉阳陵帝陵外藏坑

　　这类陶俑是汉阳陵出土的特色陶俑之一——着衣式陶俑。它面部五官刻画细致，长相清秀，身材匀称，颜面和身体为橙红色，头发、须眉、瞳仁为黑色，色如真人。拥有如此精致的脸庞却双臂缺失，通体赤裸。既然它并未着衣，又何来"着衣式"一说呢？实际上在两千年前它刚被埋入地下之时并非如此。在陶俑两臂处各有一个圆形的小孔，原先此处是安装有可以活动关节的木质胳膊，陶制的身躯上穿有一整套用真实丝织物制作的衣服，所以才叫"着衣式陶俑"。但由于年代久远，丝织衣物和木质胳膊都已经腐朽不见，只剩下朱红色的身躯。陶俑穿有真实衣物并非空穴来风，在部分着衣式陶俑腿部发现了残存的红色丝织品残块，这足以证明原先在着衣式陶俑的身上是真的穿有衣物的。汉阳陵出土的着衣式陶俑不仅数量庞大，而且种类繁多，它们主要发现于帝陵外藏坑和南北区外藏坑。

1990 年，在修建西安至咸阳国际机场高速公路时，在汉阳陵段发现景帝陵园内的陪葬俑坑，随即考古部门对汉阳陵开始了大规模的考古发掘工作，对路段下压的文物遗迹进行抢救性清理。发现南区外葬藏坑 24 座，北区外藏坑 24 座，帝陵封土以外、陵园之内的外藏坑 86 座，后陵封土以外、陵园之内钻探的外藏坑 28 座。着衣式陶俑就出自这些坑道。据当初的考古工作者回忆，刚开始挖到俑人的时候，首先露出来的是其头部，它们的身子完全没在土中，由于排列齐整，不经意间远远望去还以为是一排"小土豆"。随着考古工作的不断深入，这些生动的着衣式陶俑才逐渐地展现在世人面前。

汉阳陵发现的着衣式陶俑有男有女，也有宦者俑。以男俑为主，女俑较少，宦者俑最少。这些俑人埋葬时皆穿有丝、麻、棉和皮质的衣服和铠甲，但出土时已朽成灰。它们造型生动形象，头发、眉毛、瞳仁、眼、鼻、耳、肚脐、生殖器等人体器官一应俱全，刻画仔细，让人很容易分辨其性别。它们的面庞、躯干都施橙红色彩，头发、眉、须施黑彩，状如真人，栩栩如生。原本安装的木质胳膊由于年代久远已经腐朽不见，所以它们出土时就是断臂的形象，但这并不影响它们的美观，这种断臂的造型与希腊

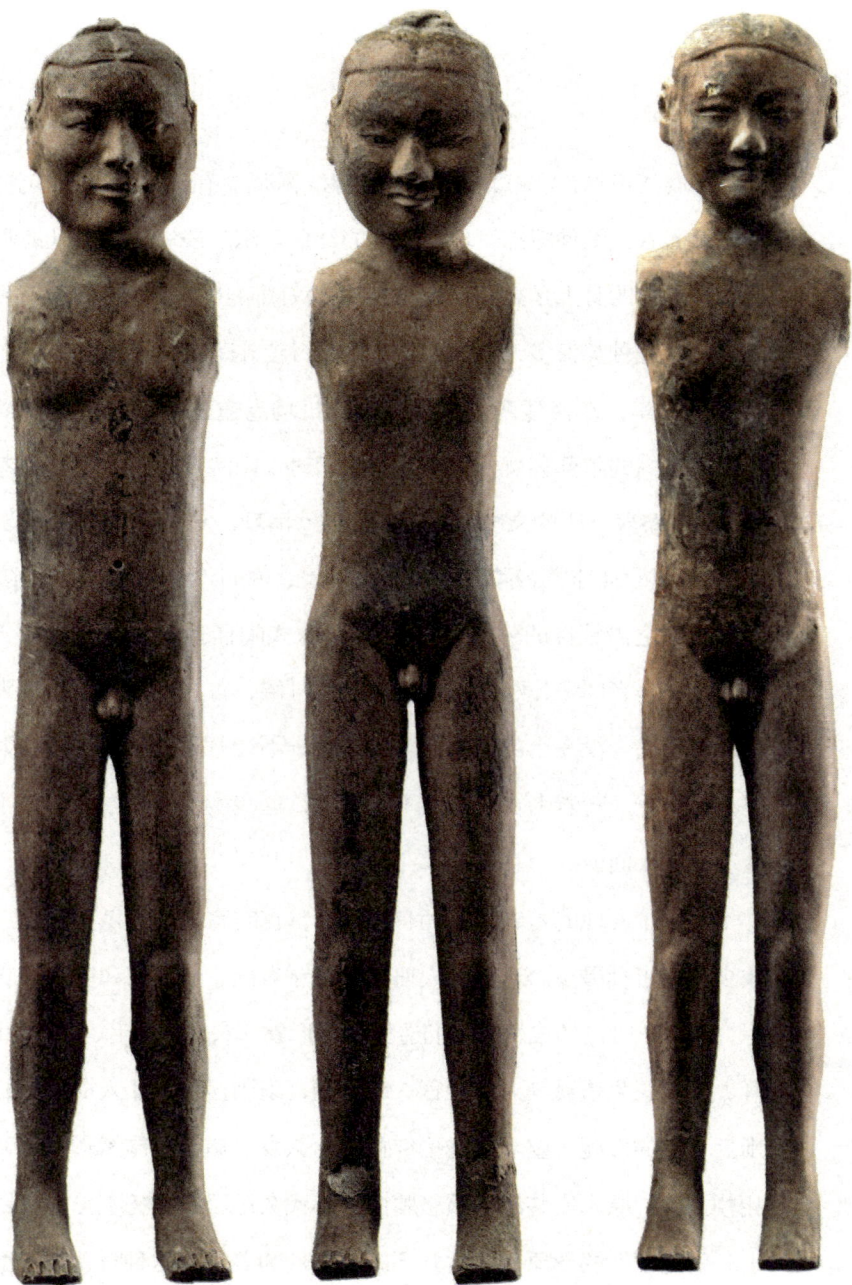

● 着衣式陶俑

时期的雕塑《米洛斯的维纳斯》相像，而裸身形象又形同米开朗基罗的《大卫》，所以汉阳陵的女俑被后世称作"东方的维纳斯"，而男俑则被誉为"东方的大卫"。

这些俑体量不大，完整的俑一般高度为55—60厘米，经比对发现约为真人的三分之一。汉承秦制，为何秦始皇兵马俑如真人大小，而汉阳陵的着衣式陶俑却只有三分之一大？对此问题很多学者最初认为与西汉早期的无为和节俭理念有关，但随着研究的不断深入，学术界认为它们之所以这么小最主要的是受到了楚风的影响，即所谓的"汉俑楚风"，这应该与西汉初年皇室崇尚楚文化有关。

原来，西汉王朝的开国皇帝刘邦是楚地人，楚地多流行一种着衣式木俑，这种木俑在战国时期的湖南、湖北非常盛行。到了西汉时期依旧有延续发展，例如湖南长沙马王堆、湖北江陵凤凰山、江苏连云港云台、江苏泗阳大青墩、四川绵阳永兴双包山等汉墓中都有出土。这种木雕彩绘俑一般用一块完整的木片雕成，身躯扁平，加工很少，仅对面部进行雕刻，五官用墨色勾画表现。有的虽然对面部五官雕刻较为细腻，但都呈现单一的呆板状，仅具简单的形貌而已。在这些木雕彩绘俑身上就穿有真实的丝麻质衣服。所以汉阳陵出土的俑人的整体风格是受了楚地着衣式木俑比较深的影响。同时汉承秦制，又接受了秦朝制作塑衣式陶俑的方法，将二者进行融合，就产生了我们现在看到的身躯为陶塑，胳膊为木制，身上穿着丝麻质衣服的复合式陶俑。

汉阳陵出土的着衣式陶俑的制作工艺繁复，主要采取的是模制法。在汉阳陵的考古陈列馆中就展示着一件出土自汉长安城遗址的陶质制俑模具，从外观上看这件制俑模具是腿部的位置。对于模制，现有两种说法：一种是由头、上身、腿和脚四部分合模制成。另一种是由头、上身和下肢三部分组成。制作好后再将鼻子、耳朵、生殖器等小部件进行黏结。为了避免千人一面，对每一个俑人的面部进行捏、塑、刻等艺术加工，使它们各具形态，这也就是汉阳陵的俑人呈现出千人千面的原因了。粗胚制作完成后，放入窑内烧制，烧制完成后在陶俑两臂留有圆孔处安装上可以活动关节的木质胳膊，再根据真人身体的每一个部位的实际情况施以彩绘，如头发、眉毛、眼睛、胡须、躯体等。等所有步骤都做完之后，根据套用的不同身份给它们穿上不同的服装即可。

这种制俑模具目前只在汉长安城遗址中有所发现，所以有学者推测汉阳陵出土的大量着衣式陶俑是统一在汉长安城制作完成后运进汉阳陵内进行陪葬的。

对于这些衣式陶俑的身份，很多人会因为它们赤身裸体而认为它们身份低下，从而将它们与刑徒联系起来。但实际上，这些陶俑身份等级较高。这从它们的出土地点就能看出来，它们无一例外都出在帝陵四周，所以它们是专门为皇帝服务的，是皇帝专用的级别较高的陪葬品，一般的贵族大臣在未经皇帝特赐的情况下是不能够使用的。虽说都是给皇帝服务的，但它们的身份、职责有所不同，涵盖了社会的各个阶层。有威风凛凛的武士俑、长相奇特的骑兵俑、文质彬彬的男侍俑、秀丽端庄的侍女俑、造型鲜明的宦官俑以及形态多样的行走俑和弯腰负重俑等等。它们体现了陶俑的动感和美感，是楚文化和汉文化交融的最完美的体现。不仅让后人领略到了汉代制俑的高超技艺，也为学术界研究宦官制度、骑兵制度等课题提供了丰富的实物资料，重要意义不言而喻。

（胡雪竹）

俑的出现

俑是古代墓葬雕塑的一个类别，它是人类思想和文明发展过程中的一个产物。在古代，帝王、贵族死后为了能在另一个世界继续享受，需要大量的仆从，所以出现了极为残忍的人殉，尤以商周最为盛行，大量的奴隶和士兵被殉葬，例如安阳殷墟武官村大墓中就排列着152具人骨，他们就是墓主生前的武士和奴隶。

随着奴隶制的崩溃和封建制的兴起，用奴隶作为人殉的习俗也被迫改变，从而出现以茅草等扎束成人形来代替真人殉葬，这可能就是最早的俑，当时称"刍灵"。之后，这种以人形模拟物随葬的方法日益普遍，并开始用泥、陶、木等材质来制作模拟人形，便产生了"俑"。俑的出现本身应是社会进步的表现，然而由于俑在制作上尽量如实地模仿真人的面貌，还是引起了一些人士的强烈不满。孔子在看到当时制作的俑太酷似真人时，认为采用做成人形的俑来殉葬亦是极不人道的行为，认为俑"不殆于用人乎哉"，并发出了"始作俑者，其无后乎！"的抨击。此后，人们便用"始作俑者"来比喻第一个做某种坏事或兴某种歪风邪气的人。

铠甲武士俑

披坚执锐 守护阳陵

西汉（前 206 — 25）

身高60厘米
出土于汉阳陵南区外藏坑

　　铠甲武士俑是一种保留原有铠甲痕迹的着衣式陶俑，俑身高是真人的三分之一，身材比例合乎人体结构。身体为橙红色，头发、眼睛为黑色，头发挽髻于脑后，面部表情较为庄严。陶俑全身被土包裹，在其周围发现了丝麻质痕迹，应为皮质铠甲腐朽后留在泥土上的印记。铠甲俑身上的甲片有前甲和后甲之分，前甲的甲片排列方式为左压右，上压下，后甲的排列则与前甲相反。前甲以腰带为界，分为上下两层，前上甲共六排，前下甲共四排。

●铠甲武士俑考古发掘

　　这些铠甲俑虽然只是明器，但却是按照当时士兵身披铠甲的形象复制而成，做工细致。着衣式铠甲俑的制作，同普通的着衣式陶俑制作方法类似，当时的工匠为了避免千人一面，对陶俑的面部都进行了特殊的捏画，生动逼真，艺术欣赏价值颇高。陶俑头部以下便是铠甲部分。铠甲一般到陶俑腿部，这样可能便于马上作战。出土时，曾在陶俑周围发现了丝麻质的痕迹，据推测，这些丝麻痕迹应该是连接甲胄的线条或是陶俑身上的衣物残留。而在这些陶俑的身边，还发现了矛、戟、盾等武器。可见，下葬时陶俑确实是身着衣物、身披铠甲、手执利器，是汉朝军事力量的象征。现今，有关汉朝士兵身披铠甲的形象还极为罕见，汉阳陵出土的铠甲武士俑，直观生动地再现了当时军队的英姿，为研究汉朝军事提供了实物资料。

铠甲武士俑出土于南区外藏坑。根据此地出土的骑兵俑、"车骑将军"龟钮金印、矛、戟、盾、剑等各种武器，学者推断南区外藏坑应象征着汉军的精锐部队。当时在长安地区驻扎的军事力量主要是南北军，属于汉军的精锐。史书载："京师有南北军之屯。至武帝平百粤，内增七校"。当时，在京师地区驻扎的中央军事力量主要由郎官、卫士和守卫京师的屯兵组成。郎官由郎中令统领，负责宫殿警卫等具体事宜。卫士由卫尉统领，屯驻宫门负责警卫。而守卫京师主要由南军和北军负责。由卫尉统领的称南军，驻扎于未央宫以北由中尉负责，称北军。南军因在北军以南，故名南军。南军士兵又称卫士，成员大多由郡国轮番征调，约为2000人，驻防分散。而北军则

● 铠甲武士俑（一）

铠甲武士俑（局部）

铠甲武士俑表面的丝麻痕迹

铠甲武士俑（二）

驻扎在京城长安，士兵主要来自京辅。汉初，匈奴经常南下，侵扰严重，北军的设置，主要是保卫长安及周边地区，达数万人，且有具体的堡垒。因此，北军可以说是汉军的精锐部队，意味着谁掌握了北军，也就掌握了汉朝国运。汉初吕雉死后，吕产等打算发动政变，但被周勃先发制人，控制了关键的北军，再争取了南军的支持，才顺利诛灭吕氏，维护了汉王朝的稳定。由此可见，南北军地位至关重要。铠甲武士俑所代表的武装力量，应该就是汉景帝在地下世界的守卫军，也是汉朝精锐部队的象征。它们在这里沉寂了两千多年，守卫了汉景帝及其阳陵，其破土而出的刹那，终向世人昭显了属于大汉王朝的天汉神韵。

（姚嫒嫒）

周亚夫之死

周亚夫为汉初功臣周勃之子，是汉朝著名将领。汉景帝时期，曾率军顺利平定七国之乱，巩固了汉王朝的中央集权统治，权势煊赫。但后期，因各种原因与景帝意见不合，渐为统治者所厌弃，逐渐失去信任。等到周亚夫年老，他的儿子为表孝心，就从工官尚方那里买了五百甲盾，准备为其下葬用。但搬取物品的雇工很辛苦，周亚夫的儿子还不给工钱。当雇工得知这些物品是皇帝所用时，就告发他私自买国家禁止的物品，意图谋反。听此，早已对其厌烦的景帝就派人调查此事。周亚夫为自己争辩，购置的器物都是明器，根本不是谋反。但廷尉却说，你不在地上反，就要在地下谋反，周亚夫深知"欲加之罪何患无辞"，遂在牢狱中绝食而亡。一代英雄将领，竟被逼得如此下场，不禁令人唏嘘！甲胄事件固然只是景帝除掉周亚夫的借口，但对于帝王来说，甲胄乃国家重器，只有帝王才有资格享用，就算是明器，未经皇帝允许是不能使用的，周亚夫此举属于僭越行为。可见，出现在南区外藏坑的铠甲武士俑，明显属于帝王的重要军事力量，在此守卫汉阳陵。

着衣式彩绘俑头

含春带喜　神情愉悦

西汉（前 206 — 25）

高20.5厘米
出土于汉阳陵南区外藏坑

　　这件文物是从汉阳陵南区外藏坑出土的陶俑的头部，因为其保存较好、表情传神而被在汉阳陵展厅单独展示。它的脸型方正，肤色呈橙红色，发、眉、须、睛呈赭黑。头发由额际中分，经两颊至脑后合拢，再上折，纽结于头顶梳成扁髻。眉脊隆起，眼长而上挑，甚至还雕刻出眼袋，十分写实，眼神散发自信。颧骨高凸，棱角分明，嘴角微微上扬，和今天北方男子的形象极为相似，可能就是按照汉代时北方大汉的形象进行塑造的。

● 着衣式彩绘俑头

　　值得注意的是，俑头额部经两鬓至枕骨处，有一圈宽约2厘米的朱红色印记，十分鲜艳。从残留的经纬编织纹痕迹观察，似为丝织品残迹，此处之前应为当时束敛头发的陌额，亦称陌头，为束在额上的巾。《续汉书·舆服志》注中记载："北方寒冷，以貂皮暖额，附施于冠，因遂变成首饰，此即抹额之滥觞。"另有一种说法为"赤帻"。《急救篇》颜师古注："帻者，韬发之巾，所以整嫱发也。"帻是在战国时期形成的一种头衣，最初可能

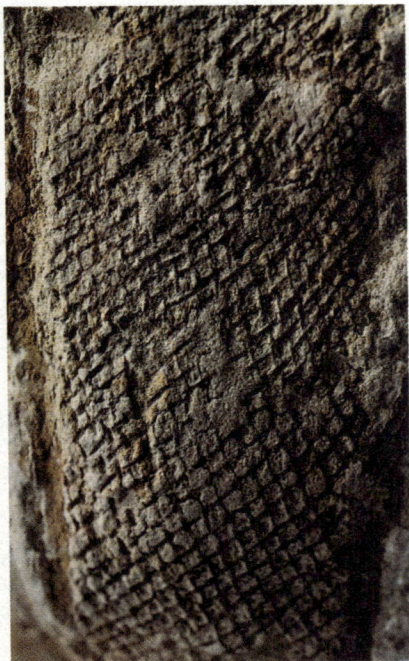

● 俑头编织纹痕迹

就是像这样用窄长的巾子整齐在头周缠一圈。这样特殊的装束形式在甘谷汉简中称为"著赤帻"，且并非兵俑普遍佩戴，而是身份特殊的人才能装束，或许与甘谷汉简所谓"著赤帻为伍长"者有接近处。汉代时被改进成一种帽子，分无屋帻和有屋帻。东汉时期，帻带有鲜明的等级色彩。蔡邕《独断》云："帻者，古者卑贱执事不冠者之所服。"之后，帻的适用范围变广，且形式多种多样，有平巾帻、介帻、平顶帻、冠帻等等。这样的装束在徐州狮子山汉墓、咸阳杨家湾汉墓的兵俑头部也有相似发现，对于认识当时的军制史和服饰史都有积极作用。

俑头的左右两侧有两片明显的丝麻痕迹往下遮生双耳直至颌骨部分，按其形制看来，陶俑原应戴有武弁（biàn）。武弁又叫武冠或武弁大冠，最初是北方士兵取暖所戴，源于胡服，战国时期赵武灵王效仿而有之，秦破赵因而用之，所以又称赵惠文冠，属于武官常服。当武弁大冠形成以后，两汉之际一直被武官戴用。汉代的画像及实物中多有见到，如武威磨嘴子汉墓 62 号墓出土的实物和四川汉代画像中所绘。汉代的武弁使用很细的穗（细纱）制作，做好后再涂以漆，内衬赤帻。东汉时期，武冠的形制所反映的官职和等级已开始制度化，戴武弁大冠的有侍中、中常侍、大将军、尉、骠骑、车骑、卫军、诸大将军等。

陶俑虽只有头部，但是其刻画精巧细致，表情生动自然，面目和悦，给人以亲近感。这样面带微笑的陶俑属于汉阳陵的主题表情，绝大多数俑都是如此，而这正是当时社会信息的综合载体。西汉初年，因为刚刚经历楚汉战争和秦末农民起义，社会生产遭到极大的破坏，民不聊生，甚至发生人吃人的现象，造成《史记·平准书》中所记"作业剧而财匮，自天子不能具钧驷，而将相或乘牛车，齐民无藏盖"的凋敝状态。面对这样的局面，文帝、景帝吸取秦朝短命的历史教训，顺应经济发展规律，崇尚"黄老之术"，主张与民休息的宽缓政策。首先鼓励农民安心进行农业生产，以免除田税、奖励"力田"等方式保护农民的利益，调动农民的积极性，认识到农业生产在古代经济体系中的地位。同时薄赋税、轻徭役，保证农民发展生产的时间和能力，到了景帝时期，田税已经降到了三十税一。在此期间还不断改革从历史上沿袭下来的苛法，废除"肉刑"，放松了对人民政治上的压迫，也革除了百姓"动辄逾法"的局面，为恢复经济创造了宽松的环境。对内镇压平定了吴楚七国叛乱，严厉打击首恶与骨干分子，对剩下被裹挟的广大吏民不予追究，减少了平叛的阻力，也有利于平叛后地方的管理。对外坚持与匈奴在平等的基础上发展友好关系，继续实行汉初的"和亲政策"，不仅有利于边境人民在和平的环境中生产和生活，而且使得大多数人民免受徭役之苦，也减轻了军费负担。所以才有史载"汉兴七十余年之间，国家无事。非遇水旱之灾，民则人给家足，都鄙廪庾皆满，而府库余货财。京师之钱累巨万，贯朽而不可校。大仓之粟，陈陈相因，充溢露积于外，至腐败不可食……"的盛景，史称"文景之治"。

正是因为在这样的社会背景下，社会安定，百姓富足，才使得这些在"视死如视生"的地下世界里的汉俑散发出愉悦自信、宽松安详、雍容博大、蓬勃向上的积极能量，也正是中国古代即将走向第一个发展高峰时，社会物质文化和精神风貌的真实体现。

（高莹）

黄老思想

黄老学派产生于战国中期的齐国，它假托黄帝的名义，吸取老子的哲学思想并加以改造，兼容法家、儒家、名家、墨家等各家思想，主张法礼并用。其思想主旨在于通过清净少事的途径达到天下大治的目的。它的基础是老子所创立的原始道家思想。老子提出一系列具有宽泛性、包容性的辩证思想，强调以柔克刚，主张政治指导原则在于"无为而治"。"无为而治"并非无所作为，而是要求统治者"是非有分，以法断之；需静谨听，以法为符"，这是和法家的主张基本一致的。同时，黄老学派又主张以德政来缓和阶级矛盾，巩固封建统治。因此它要求统治者"节民力以使""节赋敛，毋夺民时"这又吸收了儒家的主张。而后被荀子批判的吸收，主张礼法兼施，认为君王应从人民的需求出发"选贤良、举笃政、兴孝悌、收孤寡、补贫穷"，为后世封建统治者提供了重要的治国安邦理论。

黄老思想具有修复战乱、稳定民心的现实功用性。因此，在汉初社会经济恢复时期，经过改造的黄老无为思想取代了秦朝奉行的极端刚性的法家思想，成为汉初的主导政治思想。

行走武士俑

弯腰颔首　迈步前行

西汉（前 206 — 25）

高56.5厘米

出土于汉阳陵南区外藏坑

　　这件行走武士俑出土于汉阳陵南区外藏坑，同其他着衣式俑类似，他们都按真人的身体比例的三分之一塑造而成。头发中分，脑后上部挽髻，面部五官塑造精细、凹凸有致而略带笑容。身材偏细瘦而匀称，胸肌微凸，上半身前倾，两肩留有贯穿俑身的二圆孔，原本安装有可转动的木质手臂，个别俑出土时仍能见到胳膊的痕迹。双脚一前一后作前进状，似行军或负重行走，动态十分到位。

由于身上木质的明器甲胄大片腐朽、布质"行縢"之类服饰基本荡然无存，曾经生动的彩绘也片片剥落……汉阳陵这些也可以叫作兵马俑的随葬品当初到底有多壮观只能靠"脑补"了。不过诸如凸起的胸肌、残留的鲜红"陌额"乃至于一件陶俑腰间镶嵌的小贝壳等等细节以及其出土时一个个笔挺地站成方阵的齐整军容，还是可以令人遥想起当年面对来势汹汹的吴楚七国时，太尉周亚夫是如何出奇制胜，将士们如何奋战到底，坚决捍卫这个朝阳中的帝国。

　　值得注意的在南区外藏坑整齐站列的方阵之间，还有这本文所介绍的这些姿态特殊的行走武士俑。它们的双脚恰到好处地前后分列，仿佛被照相机定格下来一样，这一瞬间的步伐生动自然而笃实有力。下压的腰杆，看来原本很可能背负着某些沉重的军中物资，但脸上丝毫看不到沉重的肃杀悲愤之感，甚至还隐约带着微笑。诚然，艺术作品反映的不见得就是百分百的现实，但至少能够说明西汉早期的审美倾向以及某些时代精神——文景时期的社会自是相对安稳且蓬勃向上的，平和中蕴涵着全盛之世的先声。

　　那么汉景帝的地下军队里为何会出现这种特殊成员？他们在实战中的职能究竟是什么呢？

　　"逢山开路，遇水架桥"——这是今天的军人拉练时喊的口号，一支部队除了要具备强大的作战能力外，军事工程方面的保障也是必不可少的，这一点古今皆然。秦始皇时即命名将蒙恬"自九原抵甘泉，堑山堙谷，千八百里"，动用军事力量修建了重要的秦直道。尽管史书中说始皇帝的本意是"欲游天下",但不论直道南端的"石门"关隘还是北端的九原郡（今内蒙古包头）都是当时的战略要地,在这条直连帝都与北方塞上的大道沿线,每隔一段距离便有烽燧,足见此道在秦汉时期的军事价值。又如楚汉争霸时,汉高帝刘邦有"缮治河上塞""筑甬道属之河以取敖仓""高垒深堑"之举,诸如此类的军事工程自然有可能由临时征调的民夫来修建,但往往就地取材、应急性强,军队里不可能不为此配备专门的工兵。

汉代的军事劳动除工程建设之外,还有一个专门服务于人力运输的社会群体——卒,虽然不冲锋陷阵,但在当时也是兵役的一种。"丁壮苦军旅,老弱罢转漕",承担这种物资"转运"任务的都是无法胜任战争第一线的人,自然不可能全副武装。综上所述再来看汉阳陵的负重俑,它们有的身上还挂着尚未朽尽的铠甲,其身份显然是"兵"而不是"卒",也就是正在进行劳动的工兵。

"正在"一词是对这些陶俑的艺术风格恰如其分的描述,在没有照相机且就连写实风格的绘画艺术都尚未兴起的年代,陶土就是一种记录瞬间的媒介。但正如汉景帝时代的低调,负重俑的姿态毫不张扬,单看一件倒还不会给人留下多么深刻的印象。不过在当初的发掘现场,考古工作者清理出一组列队的行走俑:它们站成一个横排,双脚迈开、腰背弯曲的幅度都不一致,这样一来每个静止的个体都得到了身边姿态有异的参照物,两两映衬高低错落,颇有种真的要动起来的感觉。南区外藏坑内的"士兵"大多数站成齐整的方队,以静来呈现严阵以待、保家卫国的场景,动态的

● 行走武士俑

负重俑队列则为这幅画面注入了些许生命力。秦始皇陵兵马俑中也有跪射俑这种与众不同的品类，但本质上与站立的兵俑一样，都是原地守候。汉阳陵负重俑则给整体添加了"行走"这样一个全新的画面元素，程度又不夸张，恰到好处地让地下这支模拟的军队"活"了起来。

动静结合、互相映衬的艺术设计，使得以守卫大汉长安的北军为原型的地下军阵在古人的心目中升华为永恒，即便千年、万年过去，只要沉睡

的皇帝一声诏令、虎符一合，便会立刻出击。想当年就是这样一支铁军，在时任汉太尉的条侯周亚夫统领下出奇制胜，成功捍卫了汉朝的根本。千载之下，虽非金石或摧或朽，但出土的陶俑仍为今人讲述着关于不朽的故事。大汉帝国就是这样走过了危难、走向了鼎盛，从而为中华文明开创了两千年生生不息的基本格局与光耀——这就是历史的意义、历史上那些人与事业的虽死犹生。

（田厚嘉）

着衣式骑兵俑

纵横驰骋 跃马沙场

西汉（前206—25）

高30厘米

出土于汉阳陵帝陵外藏坑

　　这件汉阳陵帝陵外藏坑出土的陶俑呈裸体断臂形象，大小为真人三分之一，上身直挺，下肢外分弯曲，做骑马状，陶俑原来横跨在木马之上，木马已朽，色彩仅残留彩绘印迹。

　　汉阳陵出土的着衣式骑兵俑主要是骑木马俑，在制作时骑兵俑和木马是分开制作的。骑兵俑同普通的着衣式陶俑做法类似，只是造型有别，且骑兵佩戴相应的武器。而骑兵俑的座驾——木马的制作也毫不逊色，工匠用木质材料雕刻成木马形象，并施以枣红色彩绘，令骑兵俑跨坐在彩绘木马上，手执武器，展现其雄伟气势。这样栩栩如生的造型、截然不同的面部表情，将手执武器、披坚执锐的大汉骑兵形象展现得淋漓尽致，阳刚之气尽显。两千多年前的工匠们如此用心地打造一件艺术品，可谓匠心独运，他们用自己的智慧为后人留下了宝贵的文化遗产，历史与艺术价值兼备。这为进一步探究西汉时期的丧葬制度及骑兵的主要配置提供了直观生动的实物资料。

大汉铁骑队伍的出现，是大汉王朝用血的教训凝结而成的。西汉王朝建立初期，百废待兴，当时的皇帝想找同样颜色的四匹马都找不到，将相或乘牛车，由此可见残破景象。马匹作为重要的交通工具和军事力量，战略意义重大。因此，高祖时期，就开始征收算赋，筹集资金来发展车马力量，同时，命太仆统一掌管养马事务。但骑兵真正大发展的时期，是在白登之围后。汉高祖七年（前200）冬季，刘邦亲率32万大军出击匈奴。但因骄傲自满，刘邦带领的兵马进入了匈奴铁骑的包围圈，被围困在白登山，汉军组织多次突围也未成功。而匈奴骑兵此时从四面围攻，此时正值隆冬时节，冻伤惨烈，战事焦灼，情况危急，若一直被匈奴围困于此，汉军必败。后来谋士陈平献计，汉军才免于全军覆没。此次白登之围，让汉朝统治者真正领略到了匈奴骑兵的厉害，从而更加注重骑兵的建设。

在此之后，汉朝统治者采用和亲政策换取宝贵的休整时间，大兴马政，壮大骑兵力量。汉文帝、汉武帝时期陆续发布"复马令"，汉景帝时期"始造苑马以广用"，在西北地区设立牧苑，史书记载的数量总共是36所，养马30万匹，至今可考的有11处，因此，到汉景帝时期，西起甘肃、北至内蒙都形成了一个规模很大、布局完备的养马体系。在政府养马的同

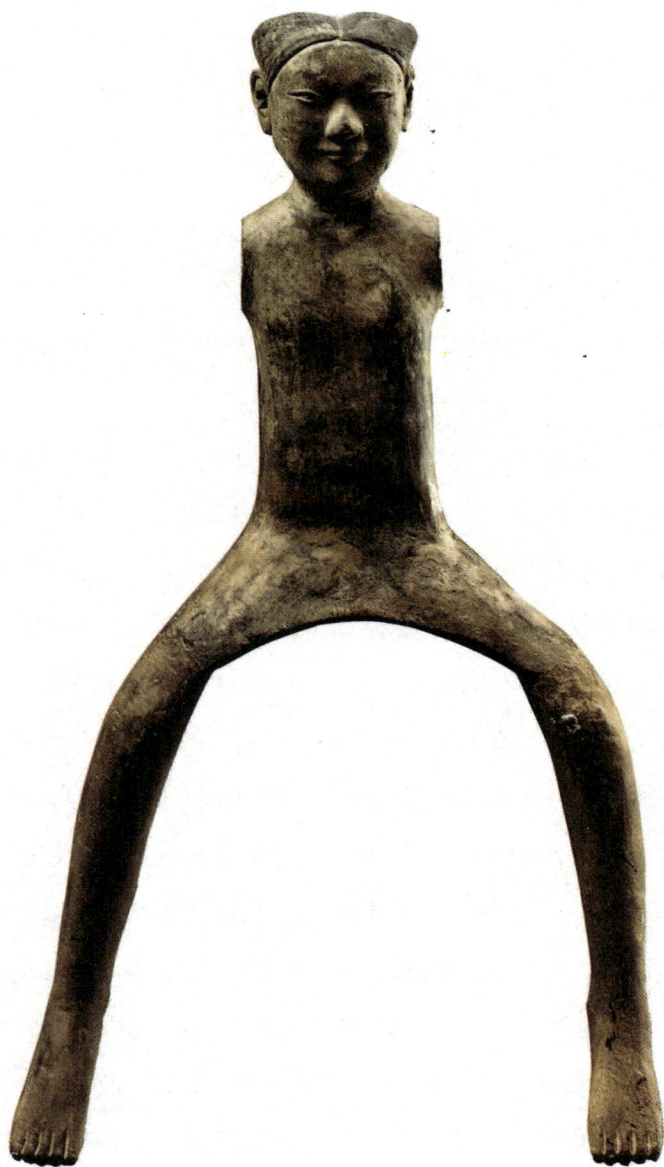

着衣式骑兵俑

时，支持鼓励民间养马，同时，还禁止偷盗宰杀马匹。景帝中元四年（前146）御史大夫卫绾上奏：马如果高五尺九寸以上的，齿未平者，禁止出关。据史家考证，五尺九寸换算成现代的尺寸就是高136厘米，"齿未平"的最大马龄为11岁，在当时应属优等马匹了，因此规定符合这种条件的马禁止出境。同时，还积极改良马种。据学者考证，汉初中原马匹基本都是甘青地区的河曲马，这种马体型矮小，行动缓慢，不耐饥寒，一般用于驮载驾车，不利于长途奔袭作战。而匈奴马则蹄腱有力，作战勇猛。晁错曾言："上下山阪，出入溪洞，中国之马弗与也。险道倾仄，且驰且射，中国之骑弗与也"；而出击匈奴的将领赵充国同样认为："汉马不能冬，屯兵在武威、张掖、酒泉万骑以上，皆多羸弱"。可见，在复杂的地形和高寒地带，中原马相对匈奴马，劣势明显。为此，汉武帝时期不惜代价，也要引进西域的汗血宝马，以改良马种。总之，多重政策的实施，使得马匹数量和质量都得以提升，骑兵实力大增。汉文帝时期，已能抽出八九万的骑兵对抗匈奴了。正是因为前代的积累，才为汉武帝北击匈奴奠定了重要基础。

着衣式骑兵俑，虽然只是为帝王陪葬的明器，但从其内涵来看，它是西汉骑兵由弱到强阶段的重要体现，代表了当时骑兵的精锐力量。从其外观看，尽管着衣式骑兵俑早已褪去了当年的风采，但时间却留下了它们英勇的轮廓，那是大汉骑兵纵横沙场、保家卫国的缩影，代表了一个王朝的蒸蒸气象，那是一个精神迸发的时代所应有的活力！

（姚媛媛）

高颧骨骑兵俑

相貌奇特 争议众多

西汉（前206 — 25）

高51.7厘米

出土于汉阳陵南区外藏坑

　　汉阳陵出土的这件骑兵俑体形与其他着衣式骑兵俑相似，都是上身笔直呈裸体断臂状，下肢夸张的分开做骑马的姿势。但是仔细观察其面部特征就会发现，它细眼上挑，颧骨高耸、两腮下陷、口小唇薄、下巴尖细略向外翻，明显就不是汉族男性的样貌。因此，这种陶俑在出土之后就引起了学术界的广泛关注和争议——有人认为它应当为汉朝时的女骑兵，只不过是女性中的年长者，即老太太的形象，这种判定是从外貌入手，因骑兵俑"颧骨高突，两腮下陷"的外貌特征与老太太的样子很相似，故而得出

● 高颧骨骑兵俑（局部）

此推论；另外一种依旧认为是男性骑兵俑，只不过可能相貌比较特殊而已。至于他们的身份，很多人在第一眼看到这些形貌奇特的骑兵俑是都会脱口而出"蒙古人"的论断。然而汉代并没有蒙古人这一族群，"蒙古人"的名称也是从元代才开始出现的。目前学术界对这些骑兵俑有一种推测，认为它们是汉代的外族骑兵，之所以将其面部做得如此夸张，是为了和中原地区骑兵俑进行区分，并显示骑兵的骁勇善战。

侵扰汉朝北方边疆的游牧民族长期以来是大汉的宿敌，为何在景帝的军队中会出现外族骑兵俑呢？最初有一种人认为放入这些面部丑陋无比的外族骑兵是为了与大汉骑兵作对比，以此来贬低外族的身份，展现大汉雄风，然而这种说法明显有失偏颇。事实上，在汉阳陵出现外族骑兵俑并非偶然，而是与汉初的军队设置有关。

在学术界近年来的研究中，一般将汉代的这种外族骑兵叫作"胡骑"，这种胡骑不只是指敌对方的胡人骑兵，在汉朝的军队中也有胡骑的存在。在《史记·绛侯周勃世家》中提到了"击韩信（韩

高颧骨骑兵俑

王信）胡骑晋阳下，破之，下晋阳"。《史记·樊郦滕灌列传》中也提到"因从击韩信（韩王信）军胡骑晋阳旁，大破之"。当时韩王信已经亡走匈奴，《史记·韩信卢绾列传》说："信亡走匈奴。其与白土人曼丘臣、王黄等立赵苗裔赵利为王，复收信败散兵，而与信及冒顿谋攻汉。"可见此时韩王信残存的部队中应当是有匈奴的骑兵混在其中听他指挥的。《后汉书·卢芳传》亦载："与胡通兵，侵苦北边。"可见，在汉代这种军队中胡汉联合作战的情况已经由来已久。之所以这么做，是因为外族骑兵的实力远远大于汉人骑兵，这样的联合可以大大提升军队实力。

汉初整个国家经济凋敝，政治不稳，军队建设也比较滞后。汉初虽有骑兵，但数量并不多，战争的主力依旧是步兵。国内政局不稳，北方匈奴还时常来犯，这让汉初的皇帝们都将发展骑兵看得很重要，到了汉景帝时期，更是如此。大臣晁错曾经就向景帝提出要用胡骑发展军队实力，以此来攻击匈奴。晁错提议说："现在匈奴实力很强，数次侵扰边疆，陛下发兵抵御他们，虽然就目前的形势来看我们的实力不如匈奴，但可以采取以下的办法：现今有义渠蛮夷之属来向我们归降，其众数千人，他们的饮食和擅长的技能与匈奴一样，我们可以赐给他们坚甲絮衣，劲弓利矢，培养他们作为我们的骑兵力量以发展骑兵实力对抗入侵的匈奴。"对此，景帝听从了他的建议。既然在景帝生前军队中就有胡骑混杂，那么在他死后，受"事死如事生"观念的影响，这只强大实力的军队也自然而然地被带到他的地下帝国之中，这也就是汉阳陵出土外族骑兵俑的最主要的原因。对于这些骑兵俑的真实族属，很可能是晁错所提到的"义渠蛮夷之属"。

此后，这种胡骑成为汉朝正规军的一员，甚至还有明确的"胡骑"番号建置。《汉书·百官公卿表》就说："长水校尉掌长水宣曲胡骑。又有胡骑校尉，掌池阳胡骑，不常置。"这种情况到了东汉时期依旧存在，更甚者，例如"长水胡骑"还充当了皇帝的近卫部队。也正是有了这些胡骑，大汉王朝的骑兵才能日益强大，为成为武帝朝开疆拓土最坚实的军事保障。

（胡雪竹）

气势如虹的骑兵

骑兵是中国古代军队中重要的军种之一。由于具有长途奔袭、快速机动、灵活多变、集结迅速等特点，在古代战争中发挥了不可替代的作用。相比于步兵，骑兵最大的优势是速度快，骑兵部队很容易突袭步兵，在两军混战之前能及时撤退，这样能置自己于不败之地，损失极微。所以在对外战争中多用骑兵，一方面可以迅速集结军队，另一方面可以有效追击敌军。

汉代骑兵是在与北方游牧民族的长期较量中发展壮大起来的。虽说在西汉建国期就有骑兵，但骑兵的规模并不大，与匈奴等外族作战常常处于劣势。到了景帝时期，骑兵才逐渐发展成为独立的兵种。虽说此时的骑兵已经自成方阵，但在马具等配备上还是不完备，没有马鞍和马镫，这从汉阳陵出土的骑兵俑上就能看出来。因此人骑在马上的稳定性较差，为了方便控制马，骑兵多为轻装。即便如此，后人还是可以借此想象汉代军队带甲百万、骑马万匹的浩荡军威。

着衣式宦官俑

阴郁冷酷 表情诡异

西汉（前 206 — 25）

高57.5厘米
出土于汉阳陵帝陵外藏坑

　　这件宦官俑呈裸体断臂站立状。发式为前额头发自中间向两边分开，然后与两鬓脑后头发一起梳拢于头顶，绾成圆髻，中间横穿一孔，用于插笄。脸部较圆，五官塑造准确、生动，表情阴郁，面带愁容。陶俑颜面、躯干、下肢饰橙红色彩，而头发、眉、目、须等处则彩绘描画成赭黑色，形如真人。现彩绘大部分已脱落。宦官俑身材瘦削，出土时丝、麻质的衣服和木质的手、臂均已腐朽，成为断臂裸体的形状。宦官俑与正常的着衣式男俑相比，只是在塑造阳具时刻意与男性陶俑加以区别。着衣式男俑阳

具有睾丸和阴茎，并且比例合适。而宦官俑下体
只有阴茎，较成熟男性的小很多，并且未塑造睾
丸。这件宦官俑表情诡异，给人以精神萎靡之感。

在出土该件陶俑的第 17 号外藏坑还出土印
文为"宦者丞印"的铜制印章，而"宦者丞"为
少府下属，主管为皇宫服务的宦者。因此，这条
坑很可能就是宦者官署的象征。汉阳陵出土的所
有着衣式陶俑的雕塑均细致入微，特别是男性着
衣式陶俑的阴囊阴茎刻画完备，毕现无疑。甚至
连陶塑动物的雌雄性器官亦均有完整塑造，无一
简略。所以，这件阴茎短小且无阴囊的陶俑形象
是"有意为之"，并非是一种简约的陶塑手法。
而这种阳具特殊的陶俑和"宦者丞印"印章出土
在同一外藏坑中，他很可能就象征着宦官机构中
的"宦官俑"。

"宦"本为星座之名，因为宦者四星在帝座
之西，所以"宦"被用来作为帝王近幸者的名称。
宦官是指那些在奴隶社会、封建社会中专供国王
及其家族、贵戚役使的、被阉割而失去生殖能力
的男子。宦者在中国出现的很早，夏启一改"公

● 着衣式宦官俑（局部）

天下"为"家天下"，建立了以血缘关系为纽带的嫡长子继承制，这就要求统治者必须保证后妃的"贞洁"，从而保持皇室血统的纯正，所以大约在夏朝的宫廷中可能就有宦者的存在。宦者最初来源于战俘，后来由"刑余之人"充任。早期因为其身份纯粹就是家务奴隶，地位较低，因而被称为宦者。春秋以后，宦者的地位有了明显的提高，并逐渐执掌一定的权力，所以开始被称为"宦官"。秦汉时，宦官作为国家机构中的一种正式组织，不仅服务于后宫，还可掌管监狱以及兼理皇帝的部分经济和财政，但我国先秦和西汉时期的宦官并非全是阉人，有一些士人也能任宫内之职。自东汉开始，才全部用阉人。隋唐时期，君主专制制度进一步加强，宦官部门作为一个单独机构而设立在宫禁之内，在制度上给宦官势力的复苏提供了条件，此时，自宫者也逐渐增多。到北宋时，宦官势力逐渐发展起来。辽、金、元时期，在制度上没有赋予宦官势力，在管理上宦官也没有独立的机构，客观上抑制了宦官势力的发展。明太祖朱元璋鉴于前代宦官乱政的教训，置宦官不足百人，仅负责宫中粗重工作。至明成祖永乐时起，为了强化封建专制主义政权，在政治、经济、军事等方面重用宦官进行控制、监督，并设立"二十四衙门"，二十四衙门之长，称太监，习久之后，凡宦官被尊称为太监。清王朝以明为戒，对宦官机构进行改革，使宦官失去独立行政职能，难以插手政治，所以始终没有形成宦官专权的局面。

众所周知，宦官最基本的生理特征是通过宫刑或阉割手术，使人丧失生殖器官和生殖机能。因此，他们无法像常人一样从婚姻和家庭中得到人生的归属感，这就促使他们寻找另一种依附关系——依附君权。西汉初年，统治者吸取秦王朝灭亡的教训，实行无为而治的政策，由丞相主持的宰相负责制曾较充分地发挥了职能作用。经过汉初的恢复发展，汉武帝时达到了繁荣鼎盛阶段。武帝希望进一步加强中央集权，强化个人专制，开始调整汉初一些政策，设立内朝、排挤外朝则是汉武帝削弱相权、加强皇权的一项重要措施，即由皇帝身边职务低下的侍从，组成对国家大政的咨询决策机构，决议军国重事。这样，宦官势力在西汉时期开始抬头。同时，这种强烈的依附意识，在宫廷斗争和君主的意志面前，又时常使宦官这种依附处于危机之中，害怕被冷落被遗弃，因此他们往往具有强烈的参与意识。为此，他们攀附主子，花言巧语、随机应变、奢侈腐化、贪婪凶狠，以期改变自己这种自卑形象，取得社会地位，在上层封建统治群中维护自己的各种利益。武帝时，李延年一度地位显赫，"贵为斜律都尉，佩二千石印绶，而与上起卧，其爱幸韩嫣。"经过武帝一朝的政策性调整，使宦官插手政事逐渐合法化，宦官势力逐步登上西汉政权的历史舞台。

另一方面，这种阉割情结和失去生殖机能的痛苦使得宦官长期处于被压抑的状态，导致自卑情结出现。作为身体上有缺陷的人，他们会将这种强大的精神压力转移成追求比常人要求更高的权力、财富或其他们特定的目标上去，以此作为心理补偿。如从小受过良好教育、胸怀大志的伟大史学家司马迁在身受宫刑之后而内心怀有深深的耻辱感，以致"每念斯耻，汗未尝不发背沾衣也"。但司马迁没有选择与其他阉人苟同，凭借自己顽

着衣式宦官俑

强的毅力，将这种无以名状的自卑与羞耻情结转化为发奋，继续完成所著史籍，终于成就了中国历史上第一部纪传体通史《史记》，被鲁迅先生誉为"史家之绝唱，无韵之离骚"。

与司马迁相反，由于心理扭曲并走入另一个极端方向的则有汉元帝时有名的大宦官石显。石显控制外朝，操纵政事，在他的专权下，外朝政事多由他裁决，元帝仅点头而已，大臣虽有所不满，亦不敢公然反对。为了保住自己的地位和权益，他还对于不听命于自己的文武大臣进行血腥镇压，排除异己。他伙同朋党，对曾反对他的一批元老重臣加以迫害，而对于刻意逢迎、讨好自己以期获得高官厚禄的人，他便拉帮结党，培植成为亲信，并形成以他为核心的官僚集团势力。石显还矫诏支配皇帝，以自己扭曲的心理喜好来决定军国大事，使朝政一片混乱。

纵观两汉时期的宦官发展，他们已并非简单停留在利用君王的宠信来达到个人目的的个体行动，而是逐渐形成集团，沆瀣一气，形成阉党，逐步发展成为政治斗争中一股强大的势力。虽然也有像司马迁、蔡伦等人为当时经济的发展、社会的进步作出过一定贡献，但更多的宦官则是选择妥协甚至同流合污，他们手握军权、架空皇权、擅立天子、排斥贤能、陷害忠良、荒淫奢侈、穷凶极恶，使西汉晚期腐朽的政治社会更加黑暗！而汉阳陵出土的宦者俑，形体特征十分明显，是目前发现的最早的宦者形象。他为我们研究汉代的宦官制度提供了珍贵的实物资料。

（何媛盟）

着衣式粉彩女俑

天生丽质 芳踪难觅

西汉（前 206 — 25）

高52.6厘米

出土于汉阳陵帝陵外藏坑

　　这件粉彩女俑呈直立状，赤身裸体，挺胸、微颔首，身体修长，无双臂，肩部为竖直的圆面，中有一圆孔，贯穿左右。俑的面部及躯体施以白色粉彩。面部圆润，眼眉细长，黑发由额际中分，发梢回折于颈后绾髻，束带，发髻底部有小孔，应为原先发饰置放处。经历两千多年的地下埋藏，这件女俑原本身着丝麻质地的精美衣物和肩部活动的木质胳膊，都已经风化腐朽、化为灰烬。但是在帝陵第 18 号和 21 号外藏坑中，这件肤白貌美、体态纤瘦的风采女俑出现在一群通体橙红色的着衣式陶俑旁边就显得尤为显眼。

着衣式粉彩女俑

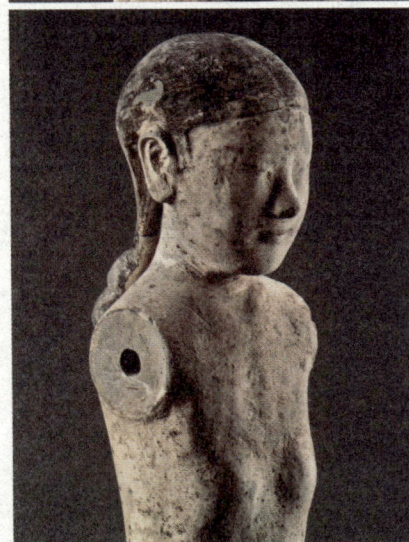

● 着衣式粉彩女俑（局部）

在这件女俑出土的第 18 号外藏坑中还出土有着衣式宦者陶俑和几枚铜印，印文为"永巷丞印""永巷厨印"等。汉代典籍中的"永巷"一称，本义指宫廷中连接殿舍之间通行的长巷，或者是对皇帝及诸侯王、妻妾所居后宫的别称。《史记·佞幸列传》记载："而平阳公主言延年女弟善舞，上见，心说之，及入永巷，而召贵延年。"说的就是武帝甚为宠爱的李夫人因擅长舞蹈而被招入宫的事宜。武帝时期改称掖庭。《史记·吕太后本纪》索隐曰："永巷，别宫名，有长巷，故名之也。"《史记·范雎传》曰："永巷，宫中狱也。"永巷作为囚禁后宫中犯罪的宫女、嫔妃集中发生在西汉初年。此时宫廷规模扩大，后宫具有足够的屋舍，为设置囚室乃至后来的宫廷监狱提供了必要的物质条件。自高祖去世、惠帝即位起，吕后就曾在"永巷"中囚禁过戚夫人，断其手足，将其做成人彘（zhì）折磨致死，甚至还关押过废黜的少帝，可见永巷里常有设置私刑。据《汉书》记载，永巷的事务是由西汉九卿中少府属下的永巷令丞管辖，该坑既有宦者俑，其出土印章乜符合《汉旧仪》所述规定，因此推测 18 号坑可能是象征少府下属"永巷"的官署机构，这种容貌妩媚的粉彩女俑则应是被囚禁的嫔妃宫女或等级较高妃嫔的俑作替代物。

第 21 号外藏坑除出土了木车马、着衣式陶俑等外，也发现了印文分别为"东织令印"和"东织寝官"的鼻钮印章，及一件印文为"东织令印"的封泥。西汉中央官署未央宫内设有东西织室，这是继承秦代的"右织""左织"的纺织机构，亦为少府下属管理，主管官吏有令、丞。《汉书·百官公卿表》云："少府属官有东织室令丞、西织室令丞。河平元年（前 25）省东织，更名西织为织室，绥和二年（前 7）废。"21 号外藏坑中既然出土了有关"东织"的印章和封泥，专家推测其应为"东织"的象征。在这其中除了一部分管理和辅助人员外，其余均为训练有素、身怀技艺的纺织女工，织工多为官奴婢。贵族妇女也常被输作织室，如《史记·外戚世家》记载，西汉初年汉高祖击败项羽封立的魏王，将其妃薄姬"输织室"，经高祖选中成了后来的薄太后。这大概就是这座坑中也放置有粉彩女俑的原因吧。

汉景帝阳陵出土的女俑各个额头饱满、面颊丰盈，大多呈鹅蛋脸，乌发黛眉，皮肤白皙均匀，再加上大多削肩细腰，与当时的衣着宽袖长袍相互映衬，突出展示了女性的纤弱秀美，稳重端庄，更是体现了当时的社会审美。

据研究，汉代社会对美女的总体要求是面容姣好，以唇红齿白、皮肤光洁为美。身材方面讲究体态轻盈，弱骨丰肌，并且看重女性的气质之美。

如《西京杂记》记载，赵飞燕的美在于体轻腰弱，举止蹁跹；赵合德的美在于她的弱骨丰肌，善于调笑；王昭君的美在于她的举止娴雅，善于应对等等。这些可以见得，西汉对女性美的认识凸显了女性个性的展现，女俑也是西汉女性美表现的载体，这些宫廷侍女虽然身份不高，多处于宫廷生活的边缘，从雕塑中表现也多是以恭顺的静态站立或跽坐，但其没有任何自轻自贱之态。正如学者提到"'淡雅、朴素、端庄'是汉室宫女在仪容与装饰上的风格，同以后唐代崇尚'奢华、雍容'的打扮俨然有别"。女俑是汉代墓葬文化中的重要冥器，她们更是西汉贵族的生活情趣和审美追求的载体。从这些女俑身上能看到，随着汉代物质文明的提高，人们对美的理解不断发展，审美要求不断提高的时代追求。

（高莹）

西汉皇帝的选妃制度

西汉时期，贵贱阶层的女子均被列入皇帝选纳后妃的范畴。后妃中既有出身高贵的官宦、侯爵织女，又有出身贫寒的良家子，甚至还有出身低微的奴仆和倡优。据《汉书·外戚传》记载，西汉十一位皇帝共有三十位后妃，其中明确记载出身微贱者就有十家。这种情况多集中于武帝之前，应与当时中央集权的加强有关。西汉初期，诸侯势力强大，甚至形成了一些能同中央抗衡的力量。为了维护皇权，文景时期实行削藩政策，直至取缔藩国的行政权力。同时中央上还要打击防范官僚势力，由开国元勋构成的功臣官僚集团权利极重，严重分割皇权。在这种特殊政治环境下，西汉王室内部自然不再相互联姻，而大多从民间寻求姻亲。这样的外戚在朝廷内部既无根基又无复杂政治背景，只能依附皇权，忠实为皇帝服务，也利于控制。到了西汉中后期，官僚集团实力逐渐强大，皇室有时需要通过婚姻争取利益，同时儒家学说的发展使得等级礼法观念渐入人心，名门望族的后妃就越来越多了。

塑衣式侍女俑

洒扫庭院 拥彗而立

西汉（前206 — 25）

高53.3厘米
出土于汉阳陵4号建筑遗址

在汉阳陵，除了着衣式陶俑之外，还存在另外一种特别的陶俑——塑衣式陶俑，因它们身上所穿的衣服都是用陶土塑成，故而得名。汉阳陵的塑衣式陶俑主要发现于陵园的建筑遗址和陪葬墓中。它们有男有女，分塑衣式站立俑和彩绘跽坐俑两种，身份上既有文质彬彬的文吏俑，也有身姿绰约的侍女俑，还可以根据不同的姿势和体态区分他们的职业和地位。

这件拥彗（huì）女俑出土于汉阳陵4号建筑遗址内，保存的相对完好。"她"身着及膝长襦，宽大的衣袖自然下垂，双手环抱腹前，双拳上下叠加，皆为右手在下左手在上，握拳，双拳皆中空。脚上穿着方口方鞋，鞋底平整，头发中分梳于脑后挽成髻，头略低，眉目细长，鼻梁细挺，唇小如樱桃，相貌清秀、神情恬淡。陶俑身上原来应该施有色彩，但时间久远，大部分的颜色都已经氧化剥落，只剩下灰白的底色，但依旧不失其光彩，也正是那微微的低头，谦卑和恭敬之态尽显其中。

对于其中空的双拳，学界普遍认为他们手中原来握有"彗"，而他们的身份应当充当了汉代的拥彗门吏，但他们与真正的门吏还有一定的差距。在汉代，门吏是一个小官职，即看门人，一般负责城门或衙门，他们一般都拥彗或执棨（qǐ）戟。而汉阳陵出土的拥彗俑很明显并非为官吏，他们的身份应当是服务于王公大臣的奴婢，这种情况在很多画像石墓中的墓门扉上也能看到，例如东汉时期陕北地区的画像石上的拥彗和执棨戟的俑人就应当是主家的奴婢，而并非官吏。

何为"彗"？彗又名扫帚、扫把，亦可

塑衣式侍女俑

塑衣式侍女俑

以写成"篲"，它最初的作用是用来打扫卫生。拥彗即"执帚"，古人迎候上门拜访的宾客时都要事先将门庭道路清扫干净，以免尘土弄脏客人的衣服。再根据来访宾客的尊贵程度，安排奴婢、小吏甚至主人自己拥彗，帚头向上，柄朝下，躬身站立于大门旁，供应宾客的到来，以显示对来者的尊敬。到两汉时期，拥彗逐渐变成人们在社会交往中的一种礼仪规范，彗清扫的作用不再强烈，甚至已经很少有人将它用作清扫，只保留了它礼仪的作用，门吏们手里拿着扫帚仅仅作为净地的象征，在汉代很多画像石中可以看到门吏手中的帚体量很大，且帚头普遍都是向后飘，很像举着一面大旗，有仪仗的阵势。"拥彗先驱"这句成语便是专指主人走出家门迎客，问候致敬后，自己拥彗走在前边引路，领着客人返家，犹如主人亲自扫门待客，仪式隆重。虽然是拥彗迎客，但也有一定的要求，并非是手拿扫帚就是拥彗，"拥"有遮蔽的意思，所以还要用衣袖遮住扫帚，也就是《礼记》中提到的"以袂拘"的意思，这样才能显示出恭敬。汉人的衣袖十分宽大，拥彗时正好派上用场。结合阳陵发掘出来的拥彗女俑颔首的谦卑模样，这种恭敬之感更加强烈。

（胡雪竹）

汉代社会阶层

在汉代社会被大致划分为四个阶层：

第一阶层是权力的核心层，其中的核心是皇帝，其成员有功臣、王室、外戚、宦官、高级官僚等。

第二阶层是权力的分享者和后备军。主要有地方官吏、游侠、富商以及士阶层，还有掾史属吏。他们是社会的中坚力量，也是社会的稳定力量。

第三阶层是基本没有权力，但还有人身自由者，包括农民、医生、方士、手工业者、小商贩、屠夫、街卒。这是社会的中下层，同样是社会的稳定力量。

第四阶层包括雇农、佃农、门客、部曲、奴婢以及流民。他们不仅几乎没有向权力阶层上升的空间，而且也没有自己的土地，缺少财产，有的甚至没有人身自由。

拥彗俑的身份就应当为第四阶层的奴婢。奴婢在汉代社会属于被奴役的群体，他们又被称作"僮""仆"等，是隶属于主家专门为他们服务的下层人群。在汉代奴婢的数量是相当可观的，越是达官显贵或大地主与富豪阶层所占有的奴婢数量就越多。史学界习惯称古代的私家奴婢为主家的"财产"，其地位犹如牛马，是可以买卖的，汉代也不例外，需要奴婢就会有买卖奴婢的行为，此时还出现了专门进行买卖奴婢的市场。

达官显贵们不仅在生前拥有大量的奴婢，死后也更是如此，在很多汉画像石、画像砖上就有刻画奴婢的形象，这些奴婢刻画的数量越多就说明墓主生前身份和地位越高。它们作为奴婢的象征，既是艺术上的一种巧妙地衬托主体的表现手法，也表达了要在地下世界继续服务墓主的丧葬观念，同时也直观反映了墓主生前拥有奴婢的真实情况。

塑衣式持物女俑

姿态优雅　身份低微

西汉（前 206 — 25）

高35.3厘米
出土于汉阳陵陪葬墓园遗址

　　这件塑衣式持物女俑出土于汉阳陵陪葬墓园遗址中，"她"肤色白皙，五官精致，秀发在前额处中分，经脑后梳至背后，身着三层右衽深衣，外衣为白色，衣领、袖口分别以红、黄色线条勾画，表现出服装层次，腰间以红色带为饰。上身略微前倾，跽坐，头部微倾，朱唇紧闭，表情恭谨谦卑，双手一高一低向前平伸，左手掌心向上，右手掌心向下，既像是恒持某种器物，又像是在弹奏乐器，所表现的应该是一位贵族家庭侍女的形象。汉代盛行厚葬，墓葬中的陶俑、壁画、画像石都是生前真实生活场景的模拟再现，这件侍女俑容貌俊秀，身着华丽，虽然具备良好的礼仪修养而显得从容安闲，却有一种惆怅伤感的气质。

秦汉时代，宫廷、诸侯以及一般富户都有置奴婢的现象，奴婢有官奴婢、私奴婢之分。官奴婢主要来源于因犯罪而没入官府的罪犯及其家属，没收罪犯的私奴婢以及私奴主因各种原因纳入官府的私奴婢。私奴婢主要是贫民、负债而无力偿还者，以及被奴贩私掠或贵族官僚倚势强买为奴者。

官奴婢主要从事宫廷和官署的各种劳役，如侍奉、洒扫、乐舞、豢养禽兽等，也有在官府手工业作坊中劳动或从事畜牧、营建和耕种公田的。例如已经发掘的汉阳陵帝陵东侧第21号外藏坑，出土了大量纺织品遗迹和"东织令印"等铜印章，证明其为汉代少府所辖的"织室"的象征，《史记·外戚世家》记载："汉使曹参等击虏魏王豹，以其国为郡，而薄姬输织室。"此时薄姬的身份就属于官奴婢。

私奴婢主要从事家务劳动，也有部分从事农业、手工业生产甚至是经商活动。奴婢一般都从事着较为繁重劳役活动，生活也较为困苦。但是，也有相当数量的官奴婢和一部分私奴由于宫廷、诸侯、官僚及富豪奢靡享乐的需要，凭借自身的特长过着优越富足的生活。

奴婢法律地位较低，生命安全时常处于受威胁状态，汉代政府从维护统治秩序，发展生产的角度，改善和保障奴婢的法律地位，保护奴婢生命安全，多次下诏禁止杀害奴婢和免奴为民、限制蓄奴。与此同时，宫廷当中还有数量不少的宫女。宫女身份地位较高，与奴婢处于截然不同的阶层。

塑衣式持物女俑

《汉后书·皇后纪》记载："遣中大夫与夜挺丞，及相工与洛阳乡中，阅视良家童女，年十三以上二十以下，姿色端丽合相法者，载入后宫。"文帝皇后，景帝生母窦太后，就是在吕后时期以良家子选入宫的。可见宫女的出身应该在中产之家以上，而且也有机会成为后妃。宫廷中的侍女一般乜会有较好的归宿，如汉文帝在遗诏中允许姬妾出宫回家，武帝时年长的宫女也可以回家自嫁，还有一些被赏赐给诸侯、大臣或将士为妻，也有的被赐予外族和亲，其中最著名的当属昭君出塞。匈奴呼韩邪单于向汉元帝请求和亲，宫女王嫱主动请求出塞和亲，被封为"宁胡阏氏"，留下了千古佳话。

这件塑衣式彩绘跽坐女俑，从衣着到妆容，从姿态到神情，展现出当时宫廷和诸侯贵族家庭中侍女的真实形象和精神状态。这种跽坐的姿势已经定格了两千年，仿佛在向人们默默表露着她心中无法言说的艰辛委屈和对美好生活的向往与期盼。

（赵超）

塑衣式彩绘持物跽坐侍女俑

美目流盼　跽坐千载

西汉（前206—25）

高35.3厘米
出土于汉阳陵东区陪葬墓园

　　这件陶俑出土于汉阳陵大臣陪葬墓中，呈跽坐状，"她"略微颔首、双臂平伸，双手朝上，似乎正在捧着某件器具，恭敬的等候主人的召唤。"她"身着黄、红、紫三重曲裾深衣，袖口和衣襟处边缘用彩色锦缎镶边，秀发中分梳至脑后、粉面含春、黛眉上扬、丹凤眼、高鼻梁、樱桃口、神态安谧、怡然自得，展现出了一个相貌秀丽、训练有素、恬静端庄的汉代侍女形象。

　　这件女俑生动地展现了汉代人的标准坐姿——跽坐，这是一种是双膝着地，小腿贴地，臀部落坐在脚后跟上，腰以上呈直立，且呈现出总体为

塑衣式彩绘持物踞坐侍女俑

● 塑衣式彩绘持物踞坐侍女俑（局部）

一种恭敬的坐姿。汉代还没有凳子，席地而坐、席地而卧仍为人们的主要起居方式，而这样用礼仪的形式约束坐姿最早在周代就有，至西汉已近千年。从考古资料看，西汉时期出土的陶俑非站即踞，不论是帝王陵园、王侯陵墓还是达官显贵的墓葬，身份虽有不同，但出土陶质坐俑几乎皆为踞坐姿态，与图中女俑一致。西汉实行"视死如视生"的丧葬观念，所以将这样的日常礼制也体现在随葬的侍女俑上，更是对当时真实生活的写照。

踞坐之所以为当时常见的坐姿其中一点重要原因是当时人们的衣着。根据文献记载，早在商代人们的着装形式就已为"上衣下裳"，在春秋战国之交出现"深衣"，即"衣裳相连，被体深邃"。秦汉时期的深衣一般不开衩口，且当时的袴多为胫衣（胫衣就是指只有两个裤腿的开裆裤），当穿着只有裤管的袴时，外面就要穿裳来遮羞、保暖。后为了便于日常行走，还要保证其不甚完善的内衣不致外露，采用了斜裁出曲裾、缠绕数层来拥掩身体的曲裾深衣，那么坐姿自然选择踞坐、跪坐等姿势，以达到基本"蔽体"的要求了。

　　长时间的跪坐姿势会令人深感疲惫，所以到了东汉时期，上层社会中流行一种胡床，还因此出现了一种新的坐姿——胡坐，即将臀部置于高处而双足垂下。史书中最早关于胡床的记载见于《后汉书·五行志》："汉灵帝好胡服、胡帐、胡床、胡坐、胡饭、胡箜篌、胡笛、胡舞，京都贵戚皆竟为之。"

塑衣式彩绘持物踞坐侍女俑（背部）

胡床本为北方游牧民族马上的坐具，随着丝绸之路的开通和胡汉交流而传入中原。

坐姿的改变与坐具的演变相辅相成，低型坐具在汉代达到了全盛时期，例如这一时期的床、榻、枰等。在这类坐具上的坐姿同席地而坐一样，但身体已离开地面，降低了人体与地面接触而引起相关疾病的概率，更利于健康。胡床则为我国古代高型坐具起了开拓性作用。受到北方游牧民族传统服饰的影响，魏晋时期出现了可以直接外穿的裤子，形制几乎相当于现代的裤子，在高坐之时也可以保证隐私和基本礼节。之后服饰逐渐宽松、袒露，坐姿也开始变得更加放松、闲适，后来还出现了盘坐。直到宋代高型坐具完全取代了低矮型坐具，成为坐具的主要形态，人们也一改跪坐，进入到垂足坐的时代。

（高莹）

塑衣式拱手跽坐女俑

北方有佳人 绝世而独立

西汉（前 206 — 25）

高34.3厘米

出土于汉阳陵陪葬墓园遗址

这件塑衣式拱手跽坐女俑出土于汉阳陵陪葬墓园周应墓中，呈跽坐姿态，朱唇紧闭，面容俊秀，长眉细目，鹅蛋脸，杨柳腰，身着三层立领右衽深衣，双手拢于宽大的袖筒内，拱手遮住嘴部，一派文静含蓄之美。一头乌黑秀发自前额处中分，挽髻颈后，肩下又分出一缕，不经意间，平添几分飘逸脱俗，秀雅容姿。深衣紧窄合身，下摆呈喇叭状，腰间饰以彩带，凸显出女性的苗条身材，袖口、领边饰以朱红锦缘，又显得轻盈灵动，陶俑整体高贵典雅，富有浓厚的楚文化风韵。汉乐府诗有云："北方有佳人，绝世而独立。一顾倾人城，再顾倾人国。"李延年笔下的李夫人究竟有怎么样的惊世容颜，我们已经不得而知，但是欣赏这件足以代表汉代女性之美的陶俑，这名不知名的女子，与李延年的描绘是有过之而无不及。

西汉经历了秦朝暴政和秦末农民起义的残酷洗礼，人们对安乐生活的追求异常强烈，富裕之后的汉人，继承了楚文化绮丽浪漫的特征，也传承了自春秋以来的人本主义思想，重现世、重教化、重礼仪，文景之治的产生，更是将这种社会心理推向了极致。有关这件陶俑遮面的动作，有人认为是表现汉代贵族女性笑不露齿的含蓄，也有人认为这是舞蹈之中的一个最美的动作。无论如何，它的跽坐姿态都能使人真切地感受到其中蕴含的汉民族的文化心态和文景时代的精神面貌。由于受服装结构、家具特点及房屋样式等影响，华夏族习惯于席地而坐，跽坐类似跪姿，双膝及地，上身耸立，臀部紧贴脚足后跟，便于随时待命而起，又显恭敬有礼、端庄娴雅之态。这是汉代礼仪的基本要求，当时贾谊《新书》中就有对"坐容"的要求，"微俯视尊者之膝"，脚跟不得乱动，胳膊不得一前一后，身体不得扭来扭去、东张西望。在汉乐府诗《饮马长城窟行》中有一个细节，描述了妻子收到远方夫君来信时"长跪读素书"的场景，可见礼制的约束在社会生活层面的深刻影响。

这件陶俑除过服装的精致和姿态的优美外，姣好的面容也使其增色不

深衣式拱手跪坐女俑

少。汉代女性注重对面容的修饰，敷粉抹脂、画眉施黛、妆靥点唇是日常生活中必要的环节。汉代妇女使用的妆粉，主要原料是米粉和铅粉。米粉是将精米细研后放在粉盒中，供日常使用。铅粉又名铅华、宫粉，是将铅化解后糅合豆粉、蛤粉等调制而成。它质地细腻、附着力强，逐渐成为粉妆的主流。使用时，以丝绵等制成粉扑沾取妆粉，敷于面部及其他区域。同时，胭脂也被大量使用，胭脂又称焉支、燕支，据说是张骞首次出使西域，途径陇西一带，将焉支山（今甘肃省山丹县城东南 40 公里处）盛产的一种野生植物红蓝花带回提取的，晒干的红蓝花经细磨，加水调和成红色的液体，并将丝绵浸泡其中，使用时将胭脂晕于掌中，涂于面颊即可。一副细长的蛾眉，是衡量女子美丽与否的重要标志，汉代妇女以画柳叶眉展现温顺谦恭的情态。当时画眉的材料是黛，包括石黛和植物类的青黛。石黛色黑，将之放在专门的黛砚上磨碾成粉，加水调和即可使用，描画擦拭都很便捷。青黛，从蓝类植物木蓝、马蓝等提取，色青黑。这两种都是当时常用的画眉颜料。著名的张敞画眉故事就发生在西汉时期，"（张敞）又为妇画眉，长安中传张京兆眉怃。有司以奏敞。上问之，对曰：'臣闻闺房之内，夫妇之私，有过于画眉者'。"可见当时画眉已经十分普及。在长沙马王堆、湖北江陵凤凰山、河北满城等汉代墓葬中也发现过为数众多地梳妆用具，其中马王堆汉墓中镜、梳、篦、笄、假发、胭脂等一应俱全，随葬妆奁中不仅有女性梳妆用具，也有男性所用的物品，反映了汉代社会对美的追求和化妆技术所达到的较高水准。这件陶俑保存较好，色彩鲜艳，姿态优美，曾多次参加中国文物赴美国、欧洲等地展览，现在已经成为代表汉代形象，展现汉服之美的典型象征。

（赵超）

汉代的女性教育

秦汉时代十分重视女性教育，秦始皇曾为著名的蜀寡妇清筑怀清台，巡游天下途中，在《泰山刻石》里提出"贵贱分明，男女体顺，慎遵职事"，可见当时并没有严格的男尊女卑观念。汉初，陆贾等儒生倡导男女之别，在其所著《新语》一书中，多处提到"父子之亲，君臣之义，夫妇之别，长幼之序"等内容，宣扬儒家之道。至汉武帝时，随着儒学官方地位的确立，女性被赋予了新的要求。《春秋繁露》中说"男女之道，亦当取法于天，取法于阴阳之道。阳贵阴贱，故男尊女卑……"为男尊女卑的思想提供了理论基础。西汉时期主要的女教著作有《毛诗序》《韩诗外传》《列女传》等，都是借宣扬阐释儒家来施行女性礼教，要求以"礼"规范男女婚嫁，规范妇德，达到"行为仪表，言则中义""胎养子孙，以渐教化"，做丈夫的贤内助，从一而终，不妒不娇。尽管汉代礼教强化了对女性的约束，但是仍出现了吕后、元帝王皇后、哀帝祖母傅太后等女性执政者。在民间，母亲教导、训诫儿子的权利也得到尊重和保障，对父母不孝甚至杀伤父母更会受到严厉惩处。女性从事农业生产、商业活动以及担任巫师、医生、教师等社会性活动也未受到过多阻碍。以儒家伦理为主的女性教育提高了女性的知识素养和道德修养，但实际的生产生活需要也培养了女性在农耕、纺织等家务劳动的技能，说明汉代女性仍然具有较高的社会地位。

塑衣式文吏俑

彬彬有礼　识文擅书

西汉（前206—25）

高61.5厘米

出土于汉阳陵大臣陪葬墓

　　这件陶俑是汉阳陵大臣陪葬墓出土的一件文吏俑，从头顶有残损痕迹和两颊有丝带垂至颌下等情况来看，此俑原应头部戴冠，至于冠的式样，因出土时残损，已无从考证。陶俑的发式为前额中分，再由脑后挽至冠下梳成髻。这件文吏俑天庭饱满，面庞圆润，眉目清秀，唇上有须，呈八字外撇状，紧闭双唇，他由内至外身着三层右衽曲裾深衣，最外面一层为白色，衣领、袖口、衣襟等处皆有红色锦缘，双足穿方头履。在其左胁下方有狭长扁孔斜穿而过，可能原来配有长剑，佩剑是古代男子身份和地位的

塑衣式文吏俑

象征。在其双手中间还有一个横孔，可能原来持有笏板。笏板在古代有两种用途，记事和表示尊敬。这件文吏俑看起来安静闲适又恭谨唯命。

官吏，是人类社会发展到一定阶段的产物。中国古代历史源远流长，历经原始社会、奴隶社会、封建社会三种社会形态。选官制度作为政治上层建筑的重要组成部分，对于政权的维系和社会的发展有着重大的历史作用。因此，历朝历代，统治者对选官制度都十分重视。选官制度是中国古

● 塑衣式文吏俑（局部）

代一项重要的政治制度。伴随着悠久的中国古代历史，选官制度也同样经
历了漫长的历史过程。举其要者，有战国时代的"客卿制"、两汉的"察
举"与"征辟"、魏晋南北朝的"九品中正制"和隋唐以后的"科举制"
等等。两汉绵延四百年，是秦以后存在最久的一个朝代，这证明两汉时期
的选官制度有很大的功效性和合理性，对后代也有很大影响。有学者认为，
隋唐时期的科举制度其实就是脱胎于汉代以来察举制度的母体之中。

两汉时期，朝廷选拔政府官员的重要制度是察举征辟制，由察举、征
辟两个不同的部分组成。察举，就是中央或地方的高级官吏，在他们各自
所管辖的地区内，将他们认为有才干、品行好的优秀人才推荐给中央政府
委任官职的一种制度。察举制的确立是从汉武帝元光元年（前 134）开始

的。察举的名目很多，有孝廉、茂才、贤良方正、孝悌力田等等。对于被察举的人，朝廷会提出一些治国和经义方面的问题进行考核，叫作"策问"，应举者回答朝廷提出的问题，叫作"射策"或"对策"。董仲舒就是在汉元光元年以贤良方正连对三策而被录用的。政府对被推荐者进行考核后，分别授以不同的官职，考核的方法主要是委以官职进行试用，合格者得到升迁，不合格者回放乡里。而征辟制度，又称征召制，其实是一种聘任制，即是朝廷对社会贤达、隐居高士以及特殊人才的直接聘请任用。征召制分为二途：一为官途，征召入朝为官的，朝廷对他们有特殊礼遇，可以说也是一种特殊选举制；另为吏途，吏为各官署首长以下的掾属即帮办人员，有中都官（中央政府各部门）掾属和郡县掾属，还有狱吏即法官，汉代中央各部门的首长和地方政府首长都由朝廷任命，但吏全由首长自己征召辟用，这叫辟署。

两汉定型的选官制度的精意与目的在于选贤，其制度本身是完备而成系统的、合理又较精详的。为了防止由于人为干预而造成的弊病，具体实施时还采取了一些有效的措施，例如，按人口数照比例定额分配举孝廉人数；对选拔者做年龄限定，需四十岁以上，才可应选；西汉孝廉只需甄别而不用考试，而到了东汉，"凡诸生举孝廉的须试章句，文吏举孝廉的须试章奏"等等。两汉时期合理的选官制度确保了政府官员的质量，为汉王朝的长久统治奠定了基础。

（孔琳）

班固被征召的传奇经历

永平五年（62），正当班固全力以赴地撰写《汉书》的时候，有人向朝廷上书告发班固"私修国史"，汉明帝下诏扶风郡收捕，班固被关进京兆监狱，书稿也被官府查抄。"私修国史"的罪名很大，同郡人苏朗曾被人告发伪造图谶，被捕入狱后，很快就被处死。面对这种严峻形势，班家上下十分紧张，害怕班固凶多吉少。班固的弟弟班超担心班固被郡署拷问逼迫，便骑上快马赶赴洛阳，打算上书汉明帝，替班固申冤。

班超策马穿华阴、过潼关，赶到洛阳上书为班固申冤，这种举动引起汉明帝对这一案件的重视，特旨召见班超核实情况。班超将父兄两代人几十年修史的辛劳以及宣扬"汉德"的意向全部告诉了汉明帝，扶风郡守也将查抄的书稿送至京师。明帝读了书稿，对班固的才华感到惊异，称赞他所写的书稿确是一部奇作，下令立即释放，并将班固召进京都皇家校书部，拜为兰台令史，掌管和校定皇家图书。

班固从私撰《汉书》到受诏修史，是一个重大转折，对于《汉书》的完成是一个有力的推动。从此，班固不仅有了比较稳定的生活，有皇家图书可资利用，而且有了明帝的这一旨意，使他著史的合法性得到确认，再也不用担惊受怕了。由于具备了这些条件，班固开始全身心地投心撰史的事业之中，撰史进度大大加快。班固所编纂的《汉书》开创了我国断代纪传表志体史书，奠定了修正史的编例，在史学史上具有重要的价值和地位。

塑衣式乐伎俑

袖管飘飘 神态安逸

西汉（前206—25）

高34.5厘米
出土于汉阳陵4号建筑遗址

　　这件塑衣式乐伎俑出土于汉阳陵4号建筑遗址中。"他"双股坐于脚后跟之上，上身挺直目视前方、双手握拳呈持物演奏状，但由于年代久远，手中的乐器已经腐朽。身着三层右衽深衣，宽大的袖管由于双手的挥舞呈现出衣袖飞舞的状况，将这件陶俑专心演奏乐器时的灵动状态刻画得栩栩如生。

　　据史籍记载，秦时宫廷中就设有音乐机构"乐府"，秦始皇统一六国之后更是集"六国之乐"于咸阳宫。汉袭秦制，乐府的设置也相应地延承下来。到了汉武帝时期，乐府机构得到了进一步扩大和发展。这在客观上推动了汉代乐舞的发展。汉代社会稳定、经济繁荣，为民间乐舞艺术的发展提供了广泛而深厚的社会基础。出身于社会底层的统治者也把民间歌舞带到了社会上层，因此推动了雅乐与俗乐的融和。汉代歌舞一改先秦时庄

塑衣式乐伎俑

严肃穆的政治礼乐文化，不再是为了统治阶级服务，而是变得轻松灵动，成为人们抒发情感的表达方式，充分显示了歌舞的娱乐功能。

从汉代往上溯源，周代是我国舞蹈发展的第一个高峰期，社会文化由商朝的尊神文化发展到尊礼文化，应运而生的是礼仪祭祀舞蹈《六舞》，即纯正的雅乐，它是礼、乐的产物。当时周代统治者建立了一套完备而严格的礼乐制度。周代的礼乐制度，规定了郊祀活动（祭祀天地）、宗庙活动（祭祀祖先）、宫廷礼仪活动（朝会、宴飨、迎接宾客）、射乡活动和军事庆典等。它是维护朝廷统治、巩固政治秩序和治国安邦的有力手段。它的主要社会功能不是抒情，而是用来表现统治者的威严、高贵，在朝会、祭祀、巡幸等场合都用来伴奏，以壮声威；或者为统治者歌功颂德，将皇帝与神明相提并论；或者用采划分政治等级，规定了诸如"天子用八，诸侯用六，大夫四，士二"等乐舞制度，丝毫不与音乐抒发情感的主题功能相联系。

到了汉代，国力强盛，对外交流频繁，文化艺术繁荣，当时社会流行乐舞百戏。这种包括杂技、幻术、滑稽戏、音乐、舞蹈等多种表演艺术于一身的艺术形式深受大家喜爱。汉代乐舞一改先秦时金声玉振、庄严肃穆的礼乐统治变为轻松灵动、欢乐祥和的俗乐文化，乐舞成了人们表达情感的重要方式。据史籍记载，汉代的乐舞百戏已经深入汉代社会生活的各个方面。郊庙祭祀、天子进食、欢宴群臣、民间祠、振旅献捷、婚丧嫁娶等均有不同的乐舞演奏。汉代人们还善于用歌舞抒发情怀，歌可以脱口而出，舞可以即兴而起。除了即兴歌舞之外，一种颇重礼仪的社交舞蹈，被称为以舞相属。属者，邀请之意，前一人舞罢，顺邀另一人起舞，此即为属。宴会中一般是主人先舞，客人再舞为报。假如被属之人不起舞，便被视为失礼不敬。据《汉书·灌夫传》记载："及饮酒酣，夫起舞属蚡，蚡不起。夫徙坐，语侵之。婴乃扶夫去，谢蚡。"从这段话可以看出，灌夫饮酒起舞，舞毕属丞相田蚡，田蚡不起，灌夫便在酒宴上用话冒犯丞相。可见"以舞相属"时被属之人不起舞是失礼的，舞蹈已成为当时社会传情达意的重要手段。

这种"即兴舞"和"以舞相属"的舞蹈形式增进了人与人之间的感情交流，促进了舞蹈的推广和发展，为普及舞蹈艺术起到了桥梁作用，加深了汉代人对舞蹈的热爱程度，改变了自周以来舞蹈原有的政治礼乐性质，从而影响了人们对舞蹈的审美情趣的变化。不再是一味地教条和程式化，体现了舞蹈本身的娱乐功能。乐舞从祭祀、礼乐转变为表达情感的重要方式，这种思想的转变和审美情趣的变化使得舞蹈更加普及，也推动了宫廷雅乐与民间俗乐的融合。

（孔琳）

舞姿曼妙的赵飞燕

赵飞燕是汉代著名的舞蹈家，同时也是汉成帝的皇后，原名宜主。相传父亲是个音乐家，后家败沦为官婢。在阳阿公主府学习歌舞当女乐舞人，成为公证府的家伎。由于她天赋极高，学得一手好琴艺，而且舞蹈基本功扎实，练就了一种超凡的"轻功"。高超的舞蹈技艺，配以合体轻柔的服饰，使天生娇美的形体和容貌更为突出，她的舞蹈有如燕飞凤舞般的飘仙之美，令人如痴如醉，后以"飞燕"艺名传于后世，歌颂她卓绝的舞蹈技艺。《赵飞燕别传》有这样的描绘："赵后腰骨尤纤细，善踽步行，若人手执花枝颤颤然，他人莫可学也。"赵飞燕独特的"踽步"技巧，一般人难以模仿，风格和技巧更是令人拍案叫绝。这独特的"踽步"行走之技，有些像戏曲中青衣旦角"跑圆场"那种身段功夫。全是脚的后跟贴地运行到脚尖的功夫，双脚自然交替，上身可以做任何动作和表演，而脚下的动作却是按照一定的路线和章法丝毫不乱。当穿着长裙时，只看见身段柔美的蠕动和双臂舞动，却看不出脚部的运动，平稳如飞，优美动人。据史书记载，可做"盘中舞"。一是因为她体态小巧，舞姿轻盈；二是因为她有高超的舞蹈技巧，又"善行气术"，是史上最轻盈的舞蹈家。赵飞燕色艺超群，除了深厚的舞蹈功底外，出色的容貌和迷人的舞态使汉成帝神魂颠倒，于是，她被召宣入宫，从一个社会地位十分卑贱的歌舞伎人成为尊贵的皇后，显赫一时。

塑衣式舞伎俑

身姿曼妙　舞步翩翩

西汉（前206 — 25）

高56厘米
出土于汉阳陵4号建筑遗址

　　这件塑衣式舞伎俑出土于汉阳陵建筑遗址，泥质灰陶，表面施以白色彩绘，表现的是汉代宫廷中一位和着丝竹韵律正在翩然起舞的舞伎形象。

　　"她"面部圆润、蛾眉细长、眼含秋水、朱唇轻启，似乎在拘谨之中透露出少女的天真活泼。头发被梳成当时流行的分霄髻，一小缕经过细致打理的长发从小发髻中穿插而下，略微斜垂于背部，高挑的身材被裁剪匀称的深衣映衬的恰到好处，挺拔的身材蕴含着苦练歌舞的坚韧，纤细的腰肢展示出技艺超群的风采。舞伎俑双膝微屈，右臂向肩部弯曲，左臂自然下垂，动作舒缓而典雅，亭亭玉立，清新脱俗，真实反映出汉代宫廷乐舞端庄舒缓的特点。腰、袖的密切配合，创造出一种优雅、柔和的形态美，使舞者的情感表现更加细腻鲜明。当时的工匠在制作陶俑时，以独具慧眼的审美力捕捉到了乐舞之中最美的一个动作，以高超的陶塑技艺和对美的强烈感受，将其神形兼备地定格在了永恒的瞬间。

这件陶俑腰部纤细柔软，身材修长，深衣的下摆十分阔大，呈现出类似喇叭的样子，与腰肢的纤细形成强烈对比。这样的设计具有物理和美学的双重作用。一方面，陶俑的腰部细长，重量多集中于头部和上肢，如果裙摆塑造过小，可能会因为重心不稳而倾倒，将下摆做成喇叭状，既可以将陶俑基座巧妙地表现为屈膝舞蹈时下摆重叠的姿态，又能够分散上身的重力。另一方面，阔大的裙摆与纤细的腰肢更能在巨大的反差中达到美学上对立统一的视觉效果，使人感到陶俑的腰肢更加纤瘦，而整体却更加平稳。这样的匠心独运，体现了中国古代陶塑艺术的精湛水平，一件雅致的舞伎俑在虚实变幻之间达到了令人惊叹的艺术效果。

西汉是一个注重生活品质、追求精神愉悦的开放时代，社会各阶层都对歌舞饮宴表现出极大兴趣，受到楚文化影响，歌声婉转、舞姿翩跹、鲜丽浓烈的歌舞之风成为汉人精神生活的重要内容，这种社会现实也在墓葬中得到了高度呈现。

在楚文化中，女子细腰被认为是最美的，在舞蹈中也成就了舞蹈轻柔秀美的特点，《韩非子》中说："楚灵王好细腰，宫中多饿人。"舞人以

细腰为美，与当时统治者的审美情趣有很大关系，细腰能增加舞姿的轻盈，因此也成为楚文化及日后的汉文化的一种突出风尚。长袖舞是我国古代最具代表性的舞蹈形式之一，到战国时期已经广泛流行，《韩非子·五蠹》中说："长袖善舞，多钱善贾"，形象地将舞蹈和当时的社会风气描述了出来。长袖舞是以手、袖的飘逸、流动变化结合腰部的柔韧舒展而相互协

塑衣式舞伎俑

塑衣式舞伎俑

调演出的舞蹈。汉高祖刘邦就对长袖束细腰的楚舞情有独钟，他曾对宠妃戚夫人说："为我楚舞，我为楚歌。"在《西京杂记》中，戚夫人正是一位"善为翘袖折腰之舞，歌出塞入塞望归之曲"的舞蹈家。汉武帝宠爱的李夫人也"妙丽善舞"，名重当时。

众多的汉代文学作品中生动地描绘了翩然起舞的场景，如西汉傅毅《舞赋》中说"罗衣从风，长袖交横""体如游龙，袖如素霓"，张衡《南都赋》也说"白鹤飞兮茧曳绪，修袖缭绕而满庭，罗袜蹑蹀而容与"，令人身临其境。在西汉还有一位著名的舞者，就是汉成帝刘骜的第二任皇后赵飞燕，她出身平民之家，家竟贫穷，入宫为宫女后在阳阿公主处学舞，据说赵飞燕体"纤便轻细，举止翩然"，体态极其轻盈，每当她纤腰款摆、迎风飞舞时，就像要乘风而去一般，甚至能站在人的手掌之上扬袖飘舞，她为后代留下了"环肥燕瘦"的成语，也得到了李白、苏轼、辛弃疾等历朝诗人的追述吟咏，如李白《阳春歌》描写的那样："长安白日照春空，绿杨结烟垂袅风。披香殿前花始红，流芳发色绣户中。绣户中，相经过。飞燕皇后轻身舞，紫宫夫人绝世歌。圣君三万六千日，岁岁年年奈乐何。"汉代舞蹈是中国古代舞蹈艺术承前启后的阶段，在传统乐舞的基础上，通过对西域乐舞的交流吸收，将中国古典舞蹈提高到了一个新高度，为后世中国舞蹈发展奠定了基础。

（赵超）

骑马俑

保家卫国
驰骋沙场

西汉（前206 — 25）

长51.5厘米，高53.5厘米
出土于汉阳陵4号建筑遗址

　　汉阳陵出土的有两种骑马俑，一种是专门为皇帝陪葬所用的着衣式骑兵俑，另外一种就是这种为王公大臣所陪葬的塑衣式骑马俑，与着衣式骑兵俑相比较，这种塑衣式骑马俑就非常多见，例如咸阳杨家湾汉墓、山东青州汉墓、徐州狮子山汉墓都有相类似的塑衣式骑马俑出土，只是在形象的刻画上有些区别。图中的这件文物就是其中的第二种塑衣式骑马俑，它由陶马和塑衣式骑兵俑两部分构成，骑兵俑身着朱红色汉服，双臂微曲，似在拉着缰绳；所骑之马竖耳圆目，鼻孔微张，肌肉健硕，显得威猛有力。

　　骑兵，是古代最重要的兵种之一。中国最早的建制骑兵，出现于战国时期的赵国。在汉初时骑兵崭露头角，但其第一个全面兴盛的时代是在西汉武帝时期。在汉与匈奴之间长期激烈的战争中，汉朝正是凭借着空前强大的骑兵部队，扭转了一直以来汉军在战场上的劣势，改变了不利地位。

　　从战国到楚汉战争，中原都以步兵为主力、少量骑兵为辅助的兵种战术模式。这种战术遇到挑战，始于西汉初期与匈奴的冲突，是游牧与农耕两种文明的正面碰撞。在汉武帝时期的大规模汉匈战争中，汉军骑兵开始

骑马俑

采用冲击肉搏战术，使骑兵的作战方式开始发生根本性转型。

首先，对匈奴战争需要汉军放弃以步兵为主的传统兵种结构。为了能够在草原上追及匈奴主力，武帝时出击匈奴的汉军主力都是骑兵，有些战役中即使有步兵参与，也和骑兵主力有明确分工，主要负责后勤等辅助性任务，步、骑两个兵种的地位和作用发生了互换。元光六年（前129）春，汉军发起白登之围以来对匈奴的首次大规模攻势，出击兵力为卫青、公孙敖、公孙贺、李广四将军"军各万骑"，可见全部是骑兵兵种。此后在汉武帝一朝，对匈奴的大规模骑兵出击约有十三次，主力骑兵基本都不少于三万骑。

其次，汉军即使拥有了与匈奴数量相当的骑兵，仍面临着技术难题，就是骑射技艺无法与匈奴人匹敌。早在汉文帝时，晁错曾分析匈奴骑兵的射箭优势为"险道倾仄，且驰且射，中国之骑弗与也"。在没有马镫、奔驰颠簸的马背上射箭是极高的技艺，需要多年的经验才能练就。匈奴人"儿能骑羊，引弓射鸟鼠"，到壮年成长为骑射之士。汉军中只有少数投降的胡人，以及李广这种生长北方边郡、世代从军之人，才能在骑射方面与匈奴人比肩。但仅靠这些人是远远不够的。汉军统帅卫青、霍去病迅速总结出了应对匈奴骑兵的战术，即骑兵冲击肉搏战。他们的新战术原则是不与匈奴人较量远距离骑射，而是把中原步兵惯用的正面冲锋战术移植过来，用肉搏战抵消掉匈奴人的骑射优势。当然，匈奴人并不主张与敌军进行硬碰硬的正面作战。早在刘邦时，汉人就已经发现"匈奴之性，兽聚而鸟散，从之如搏影"，不会贸然与汉军决战。面对来袭的汉军主力，匈奴的惯常做法是诱敌深入，向大漠深处撤退，待敌行军疲惫、军粮耗尽时再发动进攻。而对于汉军指挥者来说，运用冲击战术的关键正在于用奇袭切断匈奴军退路，缩小可供敌人驰骋的战场范围，使其骑射优势无法发挥，从而迫使敌进入近距离肉搏战，这要靠汉军将领对战机的把握。

汉军骑兵的战术转型，首先带来了武器的变化，长戟取代弓箭成为汉军骑兵的主要作战兵器。长戟是秦汉步兵的普遍装备，所以这种技术移植比较便捷。汉匈战争之前，中原也偶尔有骑兵持戟等短兵冲击的行为，但尚未形成普遍战术，而自武帝时的汉匈战争开始，骑兵用戟、矛进行冲击作战变得越来越常见。在没有马镫的情况下，用长戟冲刺敌人可能将自己也顶下马背，但这对敌人造成的伤害会更大。

西汉名将卫青等摸索出的骑兵冲击战术，主要是对抗匈奴人的骑兵。在新莽末、东汉初的内战中，中原骑兵开始将肉搏冲击战术用于对步兵作战。到东汉末和三国时期的频繁内战中，骑兵冲击步兵军阵的战术更为成熟和普遍，成为压倒步兵的陆战主力兵种，而马镫也在这一时期的军事实践中孕育萌生。

（孔琳）

彩绘陶马

负重善驰　身体壮硕

西汉（前206 — 25）

长73厘米，宽19厘米

出土于汉阳陵陪葬墓园

　　这件陶马出土于汉阳陵东区大臣陪葬墓中，是以真实马匹为原型，按比例缩小而制。通体饰枣红色彩绘，身材匀称，面容柔和，双耳斜立，造型十分生动。后颈部位留有凹槽，臀部带一圆孔，可见原本安插有某种材质的马鬃、马尾，今无存。

　　"汉兴，接秦之弊，丈夫从军旅，老弱转粮饷，作业剧而财匮，自天子不能具钧驷，而将相或乘牛车，齐民无藏盖。"这一小段著名的记载，以马为重要线索，这些曾经在三秦大地散布原野的人类之友，如今却连皇帝乘车想要四匹毛色一样的马都凑不齐了，官员们更是连马都没有，足见

彩绘陶马

饱经战乱摧残的汉初是凋敝到何种程度。到了文景时期，汉朝的国力终于得以稳步迈进，汉景帝阳陵历次考古发掘中出土的各种重要文物正是那段历史最佳的实物证明。

　　陶马，身形恰到好处、四肢匀称有力、面部细节刻画到位。与汉阳陵陵区内发现的其他多种随葬品一样，它们以现实为原型而成比例缩小，艺术风格自然、写实，是秦汉时期陶塑中质量上佳之作。它们集中发现于汉阳陵9号陪葬墓的1号外藏坑内，作为一位陪葬大臣之墓的"厢房"，陶塑约马、牛、羊在坑中密密麻麻地排成整齐的队伍，中间还夹杂着疑似放牧仆人形象的陶俑。秦汉时期陵墓外藏坑是墓主人现实生活中家宅附属设施的再现，那么上述外藏坑不出意外便是象征性的畜栏，这大概在某种程度上反映了墓主人下葬之际的社会现实。

可以肯定陪葬墓区埋葬的人们生活的年代全都不早于文景，又据墓葬规模来看，9号陪葬墓的主人显然是景帝时某位享禄甚高之人。将相、权贵之属，从无马可乘到牧畜"大蕃息"，中间经历的至多一甲子而已，那么这六十年间到底发生了什么呢？

高祖肇基百废待兴，物以稀为贵，其时"马一匹则百金"。尔后文、景两代明君勤劳恭俭、励精图治，社会经济状况稳步上升了，马的政治举措自然也要提上日程。文帝即位，晁错提出"今令民有车骑马一匹者，复卒三人"的计划，即鼓励民众通过养马来换取免除劳役，得到了文帝的赞许并加以推行。至景帝时期，"益造苑马以广用"，"而宫室列观舆马益增修矣"。景帝中四年（前146），"御史大夫绾奏禁马高五尺九寸以上，齿未平，不得出关"，即阻止函谷关以西、中央直辖地区所产年轻力壮的良马流向外地。"以岁不登，禁内郡食马粟，没入之"，以节约粮食为名将用粟米饲养的民间马匹收归国有。关于汉初之马的记载虽然较为零散，但冥冥之中已经用马串联起了一条不可忽视的暗线。汉景帝于后元三年（前141）去世时，"遗诏赐诸侯王列侯马二驷"。昔日丧乱之际连皇帝想用都要瞻前顾后的马，如今一下子就可以慷慨赏赐那些号称"本支百世"的众多王侯们，可见文景时期汉朝的"马政"是多么的成功。

当然，养马、用马的庞大开销是社会经济发展程度的一个侧面。汉景帝去世时的赏赐除了王侯的马，更有"吏二千石黄金二斤，吏民户百钱"。

"至武帝之初七十年间，国家无事，非遇水旱则民人给家足，都鄙廪庾尽满而府库余财。京师之钱累百钜万，贯朽而不可校；太仓之粟陈陈相因，充溢露积于外，腐败不可食。众庶街巷有马，阡陌之间成群，乘牸牝者摈而不得会聚……"从家国无余财到仓庾满溢，从"天子不能具钧驷"到庶民乘母马上街竟然会受人鄙视而不得参加聚会，前行的马见证了大汉王朝从创业到鼎盛的笃实步履，汉朝的时代精神亦由柔仁舒缓过渡到驰骛飞扬。

正如陶马自然而柔和的艺术风格与令人惊叹的数量，文景二帝的时代承上启下，毫无夸张矫饰，正史中留下的记载是一种低调的厚积薄发。至于孝武篡极，雄才大略的新皇帝借助祖、父两代打下的雄厚基础，政治上大刀阔斧剪除诸侯王之离心力量，军事上广开四裔、大战瀚海，文化上"罢黜百家，表章六经"……凡此种种，首度将中国古代的专制帝国推向了无可比拟的高潮。与此同时，张骞踏破万里流沙、卫青霍去病百战无垠瀚海、董仲舒"罢黜百家、表章六经"、司马迁"通古今之变，成一家之言"、司马相如通天文采……武帝时期的那些杰出的人们各自在其所居之位发挥着卓绝的创造力，以那个时代所特有的开拓进取精神击出了中华文明强有力的古典之声。此时的汉帝国正如霍去病墓前著名的"马踏匈奴"石像，这匹马与以往的陶马一样自然而笃定，又如汉武帝梦中游翱的"天马"，不拘一格地驰向未知的远方。

（田厚嘉）

彩绘陶牛

老实敦厚　六畜之本

西汉（前206 — 25）

长70厘米，高39厘米
出土于汉阳陵大臣陪葬墓

　　这件陶牛以真实的牛为原型，按比例缩小而制，通体饰黄色彩绘。陶牛腹部圆滚敦实，四肢、后背直挺有力，头面部棱角分明，造型十分生动。头、臀留有圆孔，原本安插有木质的牴角和尾巴，腐朽无存。

　　走在西安的大街小巷，某处冷不防蹿出的一股香味让人满口生津——牛肉泡馍、牛肉小炒、水盆牛肉……赶紧进店坐下叫上一大碗，大快朵颐一番，保准让客官用老陕话大呼"嘹"，不过爱吃牛肉的您要是不小心穿越回古代可就倒霉了。中国历代专制王朝以农为本，作为重要耕种畜力的

● 彩绘陶牛

牛长期以来都得到了中央政府的法律保护。东汉应劭《风俗通·怪神篇》引《汉律》说："不得屠杀少齿"，即只能宰杀年老体弱的牛，往后其余朝代也都有或轻或重的禁杀耕牛条文，即便是牛的主人也无权肆意处置，有时违禁者甚至会被处死，即便尊贵如皇帝估计也要以身作则。汉景帝陵仅在14号外藏坑不算起眼的一端出土了两具祭祀用的整牛骨，象征食品仓库的13号外藏坑内密集排列的一千三百多只陶塑动物也唯有猪、羊、狗，看不到任何食用牛肉的证据。

不过经过汉初七十年的经济恢复，到景、武二帝之交，作为农业社会繁荣富足程度集中体现的各种牲畜也得到了"大蕃息"，反映到这一时期的权贵墓葬中便是陶塑动物的"六畜兴旺"了。汉阳陵9号陪葬墓1号外藏坑中整齐罗列着大量明器化的畜牧业成果，其中最引人注意的便是位居中队的一件件陶牛。与汉阳陵出土的其他陶塑动物风格一致，它们乍看上去自然平和、无甚奇异，丝毫没有商周青铜器纹饰中那些鸟兽形象的神秘、诡谲感，但比例、线条恰到好处，诸如眉眼一类的细节拿捏得十分到位，体现着中国古代艺术已进入了"现实主义"时期。

这里有必要提到汉代的牛车，"将相或乘牛车"这条重要记载的背景是西汉初年社会经济凋敝，言语中透露着不得已的意味，说明时人乘车还是以马拉为主。在汉代，牛车长期以来都是普通民众在农忙之余的一种常用代步工具，贵族、官僚则以马车为贵。甘肃武威雷台汉墓出土的一套著名的东汉时期铜车马队列，开路的斧车、居中的轺车尽是马来牵引，两侧

● 彩绘陶牛

护卫的骑马卫士可谓"选徒嚣嚣"，合在一起异常气派，唯有一台庞大的牛车，看起来有些不搭调地走在队伍的最后，职责大概是运货而非载人。

不过随着全国的社会习俗、精神风貌由"剽疾"转向舒缓，到东汉中期以后，牛车以其安稳闲适的特点（牛行进速度远慢于马）日益受到上流社会的重视。"古之贵者不乘牛车，汉武帝推恩之末，诸侯寡弱，贫者至乘牛车，其后稍见贵之"，而到了魏晋时期已是"天子至士遂以为常乘，至尊出朝堂举哀乘之"的情况，甚至有了装饰华丽的"画轮"牛车，此时的大、中型墓葬也以随葬牛车模型为常俗了。由此可见，牛与马一样，都以独特的方式见证了历史的变迁。

（田厚嘉）

彩绘陶羊

温顺可爱　象征财富

西汉（前206 — 25）

彩绘陶绵羊长44.8厘米
彩绘陶山羊长40.1厘米
出土于汉阳陵帝陵外藏坑

汉阳陵的陶羊主要出土于帝陵外藏坑和大臣陪葬墓中，种类有绵羊和山羊两种，数量多达数百件。绵羊的颜色可分为黑色和橙红色两种，双耳略垂，腿细长，臀肥细尾，造型栩栩如生。山羊也为黑色和橙红色两大类，其躯体肥壮，短尾上扬，圆耳平伸，原有木角，已腐朽，在耳旁留有小圆孔。神情温顺自然，造型生动逼真雕塑工艺精湛。陶山羊分母羊和公羊，二者体型基本相同，母羊胡须较短，公羊胡须粗长。

羊作为六畜之一，很早被人们驯化和饲养，成为人们主要的食材以及祭祀用品。我国驯化最早的是山羊，出现在新石器时代中晚期河南陕县庙底沟二期文化遗存中。绵羊以内蒙古赤峰红山后的红山文化遗存中出土的绵羊为最早，其后殷墟遗址中发现绵羊头骨，因而有殷羊的命名。

古代祭祀，帝王用太牢（牛、羊、猪三牲），诸侯用少牢（羊、猪），

彩绘陶山羊

现在祭祀也用猪、羊等，夏商祭祀大典宰杀的羊一次也可多达几百只。羊的需要增加导致羊的养殖业也成规模出现，牧羊成为一种专职。有专家认为夏的始祖大禹是游牧部落的牧羊人。《帝王世纪》云："黄帝梦大风吹天下之尘垢皆去，又梦人执千钧之弩，驱羊万群"。

养羊也成为致富的重要手段，春秋末期的范蠡远离政治后，一心经商，成为富甲一方的陶朱公，好友问其经验，他说"子欲速富，当畜五牸"，意思是说要迅速致富，就要多养牛羊等五种牲畜。还有人听从了他的建议，就找了个地方开始大规模地养殖牛羊，果然十几年后成为一方巨富。

秦汉时，羊的饲养更加普遍，《汉书》中记载楚怀王孙心在民间为人牧羊，后被项梁立为楚怀王。西汉大将军卫青年少时也放过羊。武帝时的卜式，因羊而富，在上林苑中专为皇家牧羊，形成一套自己独特的养羊方法，后人称为"卜氏养羊法"。饲养的普及，也体现在人们的生活饮食方面，乡里之间有喜事和可贺的事情都要杀羊喝酒祝贺。作为贵族大贾养羊百头千头甚至万头都不为奇，国家养羊规模更是庞大。

最早专职饲养羊的国家机构工作人员是《周礼》所说的圉（yǔ）人，他们在当时专门掌管放牧，主要是因地制宜规划适合放牧的牧场。秦汉之际，国家对畜牧业管理由中央到地方分为三个层级：中央由太仆的属官六牧师苑令管理全国的畜牧业，六牧师苑令又直辖有三十六所牧师苑，每苑具体由苑监负责管理，最底层具体负责饲养的管理者为啬夫。因此羊业的管理机构由中央到地方具体官职为太仆——六牧师苑令、丞——三十六所

● 彩绘陶绵羊

牧师苑监郎——啬夫。除这些机构外，还有皇家上林苑大规模养羊。

为了提高养羊效率，培育优良品种很重要。汉阳陵出土的陶羊中，山羊的公羊中有阉割和未阉割两种，未阉割的公羊数量极少，一般都体型优美健硕，胡须和阴囊较长，与阉割的公羊区别明显，是种羊的象征。阉割的公羊不打架，更加温顺便于饲养。汉阳陵出土的母羊数量较多，一个个膘肥体壮，显得品种优良，公羊与母羊的比例与史书上记载的"大率十口二牝"相差不多，这表明景帝时期人们已经开始使用优良种羊来提高繁殖的数量和质量。

古代中国人总结羊的特点是"性温良、知跪乳之恩"。"羊"字在周代以后一直作为"祥"的通假字使用。汉代人生活必需品铜镜中的吉语有"羊"字，以此送福，如"买者太吉羊（祥）……""年益寿去不羊（祥），与天毋亟如日光，千秋万岁，长乐未央""于青盖作竟（镜）自有纪，壁（避）去不羊（祥）宜古市，长保二亲利孙子，为居高官寿命久"。文字中以羊为偏旁的多表达吉祥美好的意思，足见人们对羊的喜爱。为了表示美感和吉祥美好的愿望，羊的身影还出现在日常生活中的装饰图案、绘画中。以羊为图案出现很早，西北地区出现的岩画中羊的画面很多，这些画最早可追溯到石器时代，这时期岩画表达的可能只是人们看到的羊这个动物，应该没有和思想联系起来。新石器时代中后期彩陶中出现羊的图案是人们审美观念的体现。青铜器时代，羊是青铜器上的一种常见装饰。秦汉时用羊装饰生活器具丰富多样，羊图案有瓦当、羊灯、羊形铜牌、青羊镜等等。

（石宁）

彩绘陶猪

憨态可掬　生生不息

西汉（前 206 — 25）

彩绘陶公猪身长50.5厘米
彩绘陶母猪身长46厘米
出土于汉阳陵帝陵外藏坑

这只陶母猪出土于帝陵封土东侧 13 号外藏坑中。陶猪头部较大，嘴闭合，两侧獠牙外露，圆鼻孔，双眼圆睁，大耳下垂，脖颈粗短，躯体肥壮，背稍下凹，圆腹下垂，腹下有两排乳头，四肢粗短，作站立状。臀部有一圆孔，原来可能插有木质的尾巴，现已朽无存。

这件陶猪是汉阳陵外藏坑中出土几百件陶猪中的一只。根据汉代"事死如事生"的观念，为了让这批陶猪在另一个世界继续繁殖，汉代工匠专门制作了雌雄两种陶猪，其中母猪一般腹下有两排小乳头，肛门之下有阴器，公猪腹下两后肢之间有较长的阳具。根据对出土陶猪修复时的观察可知，汉阳陵出土的陶猪多为模制而成，制作过程一般先是选定干湿软硬合适的泥土，然后放到模具中进行塑形，最后烧制而成。陶猪的内部都是中空的，为防止烧制时由于热胀冷缩发生胀裂，在制作时专门在陶猪的尾部留小孔作为透气孔，待烧制完成后，又在尾部安装上木制的尾巴。后来因年代久远，木制尾巴早已腐朽，只留下孔洞。由于阳陵陵区尚未发现制作陶猪的作坊，专家推测这些动物可能都是在汉长安城的手工作坊内统一制作完成后，再拿到阳陵来下葬的。

汉代贯彻事死如事生的理念，人们在生前所享有的一切，在地下世界同样享用，因此这些数量众多、憨态可掬的陶猪极有可能象征着汉景帝在地下世界的肉食品仓库。这些陶猪整体线条流畅、生动形象、造型逼真、细节完备，在反映当时工匠精湛的技艺和较高的审美情趣的同时，也使我们领略到了两千多年前的社会生活状态，了解当时人们的生活观念提供了宝贵的实物资料。

在帝王陵墓中出现数量众多的陶猪，是多种因素发展的结果。汉代的关中地区气候适宜，地形平坦，土地肥沃，水利设施完善，是中国传统的农耕区。汉代建立后，社会稳定，人口数量增长明显。随着社会的发展，尤其是铁器的广泛使用和水利设施的完善，农业有了很大程度的进步。农业的进步直接带动了家畜饲养的发展，家猪的驯养日渐繁荣。汉代初期，百废待兴，依据现有的条件，统治者提倡薄葬，因此在丧葬中，金银器的

● 彩绘陶猪（公）

陪葬相对较少，而代替金银器的陶制物品增多，陶猪成为该地区流行的随葬动物俑。另外，汉代的养猪业在此时期逐渐兴盛，据分析，汉代的猪肉价格偏高，一只猪相当于一个男性劳动力半月的食物，或者相当于一个月的工资收入。史料也曾记载，汉代的河南某地有个马氏贵族，其中的兄弟五人，为了赚钱而不顾自己的身份，竟然养猪卖猪。当地的老百姓就编了一条顺口溜来讽刺他们："苑中三公，钜下二卿，五门嚾嚾，但闻豚声"。另外，东汉时期有个隐士叫闵贡，他年老得病，家里经济条件较差，买不起猪肉，因此只能到市集购买一丁点稍微便宜的猪肝，但这却遭到屠夫的嘲笑，以致不卖其猪肝。可见，当时猪肉价格并不低，而能够在生前消费大量肉食资源，并且死后要将肉食资源带入地下的阶层的群体，主要为王公贵族以及富裕地主，这一现象在皇家尤其明显。汉景帝时期，窦太后召见大儒辕固生，想和其交流《老子》的心得体会，但辕固生不喜欢道家学

说，于是就说"此是家人言耳"。窦太后很生气，后果很严重。她一气之下要惩罚辕固生，于是让他入圈刺猪。景帝知道太后生气了，并且也知道辕固生直言无罪，因此暗暗派士兵手拿利器，直接下圈，正中猪心。从这个故事中可以看出，皇家当时有专门的养猪场所。

综合以上材料，可见猪在当时不仅仅是重要的肉食品，还是财富的象征。另外，猪一般也是祭祀所用的动物。正因为其对生者意义重大，因此人们才会在死者身后，为其陪葬数量众多的陶猪，护佑其在地下世界也能富裕充盈。在社会上层的带动下，民间的养猪业呈现蓬勃发展的态势。早在河姆渡文化人们就已经开始养猪，"家"字写作上"宀"下"豕"，可见猪在人们生活中的重要地位。汉阳陵出土的陶猪看似寻常，实际上体现的是汉文化的一个重要方面。

（刘婷）

彩绘陶狗

『上不了席面』

西汉（前 206 — 25）

彩绘陶狼狗长31.8厘米

彩绘陶家狗长29.8厘米

出土于汉阳陵帝陵外藏坑遗址

　　汉阳陵彩绘陶狗主要出土于帝陵东侧第 13 号外藏坑的东段，按照品种可分为家狗和狼狗两种，均为泥质灰陶塑成，饰白色或红色彩绘，造型生动，刻画传神，惟妙惟肖。图中这件陶狼狗头部较为瘦长，嘴闭合，鼻孔左右对称，眼圆睁，双耳竖立，面露凶狠之色。脖颈较长，躯体壮实，腰向上稍弓，尾较粗、较长，自然下垂，尾下有圆形肛门，四肢较为瘦长，作站立状。神态警觉，似欲作搏斗状。狼狗腹下有两排小乳头，肛门之下有阴器，可知其为母狼狗。而同出的家狗头部较狼狗粗短，脖颈较粗短，

● 彩绘陶狼狗

躯体肥壮，长尾上卷紧贴左侧臀部，显得憨态可掬。

狗在我国是最早驯化的动物之一，由于其在狩猎和守护方面不可替代的作用而被大量豢养。汉代时由马、牛、羊、猪、狗、鸡构成的"六畜"观念已经形成。作为主要的家畜，"六畜"均可食用，但由于在当时马是重要的战略资源、牛是耕田的主要畜力，故而一般禁止宰杀食用，因此六畜中常被食用的只有羊、猪、狗和鸡，其中又以猪和狗最为世人所嗜食。汉代，狗的主要产区在北方。魏晋南北朝，大批的中原人迁居南方，长江流域也成为狗的主要产区。古人食狗风俗之盛，从很早就出现了专门屠狗的职业就可窥见一斑。《史记·刺客列传》上就有战国初期，大侠聂政避仇于齐，以屠狗这个职业作为生活的经济来源。

秦汉人在食用猪肉、狗肉时十分讲究，原则是选幼不选壮，选壮不选老。也就是说，是以食小狗、小猪为上。从马王堆汉墓出土的肉食标本分析，小狗以豢养一年以内的为佳。这或许就可以解释为什么在汉阳陵出土的陶塑动物中不但有雌雄之分，还有幼壮之别了。性别、种类俱全的小动物，不但可以保证皇帝地下世界的肉食品可以得到源源不断的供给，另一方面也可以随时让皇帝尝到鲜嫩美味的小狗、小乳猪。

目前所知秦汉时期的烹饪方法主要有羹、炙、炮、煎、熬、蒸等十余种。当时狗肉的食用方法有"鸡寒狗热"之说（崔骃《博徒论》），意即趁热吃起来才香美。通常的烹制方法是煮、羹、炙等。煮，是将狗肉及其他原料一起放在多量的汤汁或清水中用火煮沸，然后取出用刀切碎食用。汉代

● 彩绘陶家狗

的熟食市场就有切好的狗肉薄片"狗脂"（《盐铁论·散不足》）。汉阳陵出土了一件铁质染器，尺寸较小，当属为墓主人陪葬用的明器。推测这件染器可能是西汉时期人民吃烹煮肉食品时，用以加热蘸料的烤炉。羹就是肉汤，狗肉可经常被烹制成只放肉料而不加佐料的狗羹即纯肉汤；也可以在狗羹中添加葵菜做成狗巾羹；还可以在狗羹中添加苦荼制成苦羹。炙，则是把褪掉毛的肉，和以姜椒盐豉，用竹签穿成串，加于火上烧烤。其做法与新疆烤羊肉串相似。目前可知西汉时期有犬肋炙、犬肝炙等烧烤类狗肉食品。在吃狗肉时，秦汉人还特别喜欢吃下水（舌、心、肺、肝、头等）。这大概是因为一般平民吃不起肉，所以常买些下水来调剂一下生活。

汉高祖刘邦的开国功臣樊哙善烹狗肉，据《史记·樊哙列传》载："舞阳侯樊哙者，沛人也，以屠狗为事。"传说汉高祖刘邦最喜食樊哙煮的狗肉，几乎每天去吃却从不给钱。一天，樊哙为躲开刘邦，到别处去卖，刘邦闻讯赶去，遇河受阻，突然河面游来一老鳖，驮刘邦过河，找到樊哙，刘邦抓起狗肉就吃，同时引来大批食客，一会儿就把狗肉吃光。回去时，又乘鳖过了河。樊哙得知后把老鳖抓来杀了和狗肉一同煮卖，不料肉味格外鲜美。于是他将这次煮肉所剩的"鳖汤"（原汤）保留下来，每次煮狗肉都用。自此之后，本菜广为流传，百姓呼为"沛公狗肉"，成为江苏传统名肴。

在我国民间还有一句关于家狗的俗语——"狗肉上不了大席面"。这句俗语一般认为源于魏晋南北朝时期北方游牧民族入主中原，因这些民族向来以狗为猎具、挽畜和放牧的守护者，所以忌食狗肉。再加上佛学典籍上把狗视为不洁之物，严禁屠食。南朝宋、梁的皇帝大都崇信佛教，都曾颁诏严禁吃狗肉。从汉族民俗角度来讲，狗摇尾乞食，加之其貌不扬又食人粪便，为人所恶。若以其肉待客，当属不雅，这种心理作用也是狗肉不能上桌的一个缘由。而我国历史上唐、南宋、清历代也都因为各种原因先后下令禁止屠食狗肉。

（何媛盟）

狡兔死，走狗烹

关于狗有一个著名的成语"飞鸟尽，良弓藏；狡兔死，走狗烹"。出自《史记·越王勾践世家》。故事讲了范蠡在和文种帮助越王夺得江山之后，劝文种离开越王勾践，说："狡兔死，走狗烹，飞鸟尽，良弓藏；敌国灭，谋臣亡。自古患难易共，富贵难同。"后来，文种果然被越王勾践杀害。这就是兔死狗烹、鸟尽弓藏的出处，这里的走狗是跑得很快的狗，把鸟打尽了，那良弓就没有用处了，兔子已死，那狗也没用了，不如烹了吃了。这里是指一个人失去了利用价值，就被杀掉或者落下个比别人更惨的下场。

这一成语也比喻西汉时刘邦将一些建国时建功立业的大将们悉数杀光的情形。刘邦当皇帝后为削弱韩信的势力，把当时是"齐王"的韩信徙封为"楚王"，使其远离自己的发迹之地，然后又有人适时告发韩信"谋反"，刘邦又再将他贬为"淮阴侯"，不出几个月皇后吕雉又以谋反之名将韩信诱至长乐宫杀死。刘邦于公元前202年得天下，韩信于公元前196年身首异处，这对共过患难的君臣在天下大定之后只相处了一年多一点的时间，韩信在临刑之前发出了"狡兔死，走狗烹；飞鸟尽，良弓藏；敌国破，谋臣亡"的浩叹。

彩绘陶鸡

精巧逼真 色彩艳丽

西汉（前 206 — 25）

公鸡高14.8厘米，长16.3厘米

母鸡高11厘米，长15厘米

出土于汉阳陵陪葬墓

　　汉阳陵陪葬墓园出土的彩绘陶鸡分为公鸡和母鸡两种，公鸡红色鸡冠耸立，喙尖锐，全身覆盖黑、红、黄三色羽毛，黑色尾羽上翘，两足粗壮有力，足上后方有伸出的趾。整只鸡颜色鲜明，昂首挺胸作啼鸣状，显得十分精神。母鸡全身包覆黄褐色羽毛，身体走势较平，无鸡冠，头向前伸，双眼圆睁，尾羽较短，向斜后方翘起，两足粗壮。腹部较肥大，作勾首栖息状，整体看上去温驯可爱。这两件陶塑作品逼真、写实、富有生气，线条流畅传神，颜色鲜明欢快，制作手法看似随意却不失严谨工整，趣味天

成，是汉代陶塑动物的典范。它们凝聚了自先秦以来雕塑工艺的成果，主张以去繁从简的造型表现动物相貌和神态，尤其重视传神写照，具备深刻的真实感和艺术感染力，具有非常高的艺术价值。

中国人食用鸡、驯养鸡的历史非常悠久，西安半坡遗址曾出土少量鸡的骨骼，是否已成为家禽尚未确定。而在三门峡庙底沟等遗址都发现了鸡的骨骼，经鉴定是家鸡，因此学者认为我国养鸡史应该在四千年以上，是最早把原鸡驯化成家禽的国家之一。"鸡"这个字在甲骨文中就有出现，

● 陶公鸡

并在殷墟发现作为牺牲的鸡骨架，说明早在三千多年前，中国人就已经明确认识鸡并驯化鸡。《诗经·鸡鸣》是最早以鸡为题材的文学作品，《周礼·春官》则记载：战国时期设立"鸡人官"专门管理宗庙祭祀时用的家鸡。《周礼·天官·庖人》记载："六畜"分别为马、牛、养、鸡、犬、豕六种动物。可见鸡已经是当时家家户户必不可少的家禽。

西汉早期，一部分墓葬仍然保留以动物作为牺牲祭祀的习俗，这是对旧葬俗的继承。而将动物作为食物陪葬在墓葬当中或周围，这种葬俗贯穿整个西汉。西汉时期大量动物俑的出现，是对现实世界的模仿，反映出死者对于现实世界的留恋和对死后世界的幻想，是"事死如事生"丧葬思想的体现，也反映出汉代流行厚葬之风。到东汉，象征财富的陪葬占据主流，墓葬中的动物不再具备祭祀和食物等作用，东汉诸侯王往往继承西汉诸侯王墓随葬大量陶质动物俑的做法，成为动物陪葬的主流。有学者做过粗略统计，在四川、重庆汉墓中出土鸡的频率最高、数量最多；北京、陕西、河南、河北、江苏、湖北、湖南等地出土陶狗最多，其次是陶鸡、陶猪。通过这些考古材料，我们可以明确看出鸡在汉代家庭生活中的重要地位。

鸡除了在日常生活中具有重要地位，也具备一定的象征意义，它也被称为"五德之禽"。西汉韩婴所著《韩诗外传》记载："君独不见夫鸡！首戴冠者，文也；足搏距者，武也；敌在前敢斗者，勇也；得食相告，仁也；守夜不失时，信也。"其中文、武之德源于鸡本身的形象和身体结构，勇、仁、信这三种美德则与鸡的生活习性有关。文德是因为鸡冠高耸，看上去文质彬彬，好像君子戴冠，因此雄鸡还有"戴冠郎"的美称。武德则是鸡相斗时凭借的武力。勇德则指面对强敌时顽强搏斗。仁德是说鸡看见食物不会独自占有，而是呼唤家族成员一同来吃。信德是说雄鸡每天按时报晓，从不失约。

六畜在中国人的家庭生活中具有重要地位，其中鸡既是重要的生活来源，能够提供鸡蛋和肉食，也是美德、守时的象征，因此不但在汉代受到重视，在之后的历史中也不断出现在诗文、绘画、雕塑当中。

（刘婷）

汉代海贝

千里之遥 鲜现长安

西汉（前 206 — 25）

出土于汉阳陵帝陵外藏坑

　　这些海贝遗存出土于帝陵东侧第 16 号外藏坑中，发现时它们与各种矿石块、陶罐、兽骨、鹿角、粮食等混在一起，摆放凌乱，无任何规律。经过中科院海洋研究所、中国贝类分类学首席专家张素萍研究员进一步确认，汉阳陵出土的海贝遗存为海洋性动物螺和蛤，共计 12 件标本 4 个种，主要有文蛤、珠带拟蟹守螺、短沟蜷、扁玉螺、白带笋螺、贾氏丽蚌、丽蚌。

　　文蛤主要分布于中国、朝鲜和日本沿海，多生活在河口附近有内湾的潮间带沙滩或浅海细沙底，属海产经济贝类。古书云"文蛤为蛤中上品"，其肉质非常鲜美，享有"天下第一鲜"的盛名。文蛤除在汉阳陵出土外，

文蛤（内视）

文蛤（外视）

还在长安沣西马王村周代晚期灰坑中出土过，这进一步说明文蛤在古代已开始食用。

珠带拟蟹守螺多生活在潮间带的浅海，有淡水注入的泥和泥沙上。此种除在我国沿海分布外，在朝鲜、日本和印度等地也有分布，可食用。

短沟蜷主要生活在湖泊及小河内的淡水中。

扁玉螺化石标本见于中国台湾、印尼爪哇等地，分布于中国沿海、朝鲜、日本和东南亚，生活在潮间带低潮区或稍深的沙质海底，肉供佐膳，贝壳供观赏或制作工艺品。

白带笋螺生活于低潮线附近至水深十米的沙或沙质底层，我国南北沿海均有分布，为习见种类，可食用，贝壳可供观赏。

贾氏丽蚌主要分布于长江中下游的湖泊和河流中，少数种类分布于山东、河北、辽宁、广东、广西，朝鲜和越南也有分布。

丽蚌在渭河流域现已绝灭，但在大荔人遗址和丁村遗址均有出土。

● 扁玉螺（腹视）

● 扁玉螺（背视）

● 短沟蜷（腹视）　　　　　● 短沟蜷（背视）　　　　　● 白带笋螺

　　汉阳陵帝陵东侧已发掘的 10 条外藏坑，分别象征着生前为皇帝服务过的 10 个不同的官署机构，结合 16 号外藏坑中出土的"大官之印"印章与其他遗物，考古专家认为 16 号外藏坑很可能象征着少府下属的"太官府"，专门负责皇帝膳食材料的二次精加工，而其中出土的这些动物骨骼应是放置在太官府中的肉食品，是皇帝膳食结构的重要组成部分。这些出土的动物大多数应是当时渭河流域本地动物，少数螺和蛤则来自关中以外地区。由此也可以看出当时皇室膳食结构的多样性和搭配的合理性。由于发掘面积有限，这些动物属种并不能代表他们膳食结构的全部，可能只是一个大类。

一般而言，遗址或墓葬区周围的自然环境主要依靠对野生动物的生态环境来推断。现在的丽蚌主要分布于长江中下游的湖泊和河流中，对水质和温度都有一定的要求，要求水质较深、较清，水温较暖的水文条件，成为陆相地层沉积时气候环境的重要替代性指标。淡水动物丽蚌和短沟蜷的存在，证明当时的水资源较优越，水清澈见底，水流也较大。地理学家竺可桢先生认为"到了秦朝和前汉气候继续温和"，加之《史记》"渭川千亩竹"的记载，说明西汉时期渭河流域气候温暖湿润，生态环境理想，这和上述野生动物所反映的环境是一致的，也说明这些动物当时就生长在渭河流域。随着人口的增长和气候的降温，森林面积在减少，导致原来生活在其中的动物由于失去栖息环境而绝灭。森林减少的同时也导致渭河的水量变小和水质浑浊，野生动物丽蚌由于无法适应环境的变化，逐渐在渭河流域灭绝。

● 丽蚌

那么，无论是产自内河流域的淡水产品还是来自远洋的海产品，在两千多年前的西汉时期，它们是经历了怎样的长途跋涉来到了皇帝的"御膳房"呢？根据汉代的交通情况只有陆路运输和水路运输两种途径。

陆路运输

驰道是秦汉道路网的主干，始建于秦始皇二十七年（前220）。次年，秦始皇东行郡县，登泰山而行封禅，足迹又远涉渤海之东。所经之处，皆予治驰道，于是关中通往关东的交通干线正式形成。以后秦始皇又多次出巡，遍及关东六国旧有疆域，使驰道与各郡县的道路相连接，在长江以北的黄淮流域形成了比较完整的道路网。

秦驰道在汉代基本保留了下来。总括而言，秦汉驰道自咸阳东出函谷关，经洛阳，复循济渎抵定陶，直达临淄，形成东西贯通的干线。又由此干线，又分出沟通东南的两条干线：自陈留沿鸿沟，颖水入淮，更向南沿肥水、巢湖，以达长江，为沟通东南的第一干线；自定陶经泗水入淮，复沿邗沟以达长江，为东南第二干线。水陆交错，畅通无阻。所以产自我国内河流域的贾氏丽蚌、短沟蜷等水产品或许就是通过驰道与东南方向的这两条干线运输进入关中地区的，而产自我国东部沿海（主要是渤海湾一带）以及朝鲜、日本等海域的海产品则有可能直接通过驰道自东向西抵达关中的。

水路运输

我国南部沿海（广东、广西）及东南亚、南亚的越南、印度等海域的海产品则有可能通过两条水路自南向北抵达长安。

第一条路线主要依靠海运与内河航运相联系。秦开发岭南，至汉代形成南海、苍梧、合浦、郁林、交趾、九真、日南七郡（均在今广东、广西及越南境内），这条运输路线省时省力，弥补了陆路运输的不足。这条路线南起交趾（今越南），中经东冶（今福州市），至临淮入淮水，又转由鸿沟入黄河，再溯河而上，沿洛水可至洛阳。或可再溯河而上，西入渭水，经通沟大漕，进入长安东郊。所以产自我国南部沿海（广东、广西）及东南亚、南亚的越南、印度等海域的海产品则有可能直接通过这条海运加内河航运的道路自南向北抵达京师。

另一条水路交通线即灵渠。秦朝兴建了著名的人工运河灵渠。灵渠沟通了长江水系和珠江水系，不仅使秦取得了平定南越的胜利，而且开辟了一条新的水路交通线，由番禺（今广州市）经漓水，循灵渠，穿湘江，入长江，而由江陵经陆路，过南阳，北抵洛阳，或西出武关，直奔关中。所以产自我国南部沿海（广东、广西）等海域的海产品则有可能直接通过这条航运的道路自南向北抵达京师。

汉阳陵位于陕西省咸阳市渭城区正阳镇张家湾北的咸阳塬上，属于典型的内陆地区。这些蛤（文蛤）和螺（珠带拟蟹守螺、扁玉螺、白带笋螺）均为海洋软体动物，绝不可能产自本地，可能是当时沿海郡国供奉给皇室的海产品，也不排除作为商品进行贸易的可能。所以，从动物考古方面讲，这些海产品的出现对研究西汉时期皇室膳食材料及当时的交通运输水平是很有意义的。

（何嫒盟）

秦始皇载鲍乱臭

海洋渔产介入内地饮食生活的例证，最典型的有秦始皇"辒车载鲍鱼"的故事。

秦始皇最后一次出巡时，在半路得了病。他忌讳"死"字，群臣谁也不敢说死的事。当走到沙丘平台时，秦始皇觉得自己不行了，便遗诏给公子扶苏说："我死后你要回到咸阳（秦首都）参加治理我的丧事。"当时遗诏在赵高之处，没有公开，秦始皇死后，李斯和赵高怕扶苏回来继承帝位，便毁掉秦始皇遗诏，又伪造了一分假遗诏，让胡亥即位。由于秦始皇死在半路，李斯怕公子扶苏知道秦始皇已死，天下有变，便将消息隐瞒，秘不发丧，下令兼程赶回咸阳，并将秦始皇的尸体置于车中。百官陪乘，所到之处，众人依然像以前一样进食奏事，只有少数人知道秦始皇的死讯。当时天气很热，秦始皇的尸体很快就发臭了，李斯便让从官用车装了很多鲍鱼，用鲍鱼的臭味掩盖尸体的臭味，终于隐瞒到回到咸阳。事后，赵高说服李斯，矫诏杀死扶苏，赐死蒙恬、蒙毅兄弟，控制以李斯为首的官僚集团，拥立胡亥上台，成功地导演了一场官廷政变。

四神空心砖

天之四灵 拱卫四方

西汉（前 206 — 25）

青龙纹砖长66.5厘米，宽37厘米

白虎纹砖长37厘米，宽16厘米

玄武纹砖 长77厘米，宽22.5厘米

汉阳陵宗庙遗址出土

空心砖是战国至秦汉时期流行的一种体量巨大的建筑材料，一般呈长方体状，因一侧开口，内部空心而得名，它主要用于建筑门前的踏步（台阶）或在墓葬用于箍墓，可以起到隔音、防潮、节省材料的作用。秦汉时期的空心砖大都为几何纹、动物图案、历史故事及神话传说等，因器形古拙厚重、图案丰满朴实、气势雄浑而极具研究和收藏价值。

汉阳陵陵区内目前出土的空心砖有几何纹和四神纹饰两种，其中最具代表的就是四神空心砖。它们主要出土于"罗经石"遗址周围，目前已发

● 青龙纹砖

● 青龙纹砖（局部）

现的四神空心砖主要有青龙、白虎和玄武三种，尚未有朱雀纹饰的空心砖出土。虽然这些出土的空心砖大部分都已残损，但是汉代手艺高超的工匠们仅仅用一些简洁明快的线条就勾勒出遒劲矫捷的青龙、凶狠有力的白虎以及空灵玄妙的玄武造型，为我们充分阐释了西汉初期造型艺术雄浑壮阔、意境深远、流转飞动、刚劲婀娜的特色。

　　四神又称四灵，指的是青龙、白虎、朱雀和玄武这四种具有灵性的动物神形象。中国人关于"四神"形象的崇拜起源非常早，在湖北随州的曾侯乙墓中就出土了画有青龙、白虎及二十八星宿图案的漆木箱。这表明在战国早期"四神"的形象已经深入人心。一般认为在周代之前，古人就根据自己对天象的理解，以北极星和北斗七星为中心，把围绕其周围肉眼可观测到的星辰分为角、亢、氐、房、心等二十八个星宿，然后再根据星宿的位置将天区内东、西、南、北四个正方向区间内的七个星宿想象成一种动物形象，称为"四象"或者"四宫"，即所谓青龙七宿、朱雀七宿、白虎七宿、玄虚七宿。后来青龙、白虎、朱雀和玄武固定位四种神兽的形象在传说中被称为镇守天官的"四神"，起着划分天区、代表方位、制定历法重要作用。

后来随着五行思想的形成，四神逐渐有了镇守四方、趋吉避凶的本领，被赋予了更高的神性。《礼记·曲礼上》中就记载，军队出行要"前朱鸟而后玄武，左青龙而右白虎，招摇在上"，意思是说军队在出行时要将"四

● 白虎纹砖

● 玄武纹砖

神"形象的画在旌旗上，分别代表前后、左右之军，这样可以起到鼓舞士气、提升战力的作用，这表明在春秋时期，人们就已将"四神"当作军队的保护神。

到了秦汉时期，五行思想的盛行使人们对"四神"崇拜达到了新的高度，不仅与春、夏、秋、冬四个季节季相配，还开始与"五行"中的金、木、水、火四种元素相配，甚至还具有了青、白、朱（赤）和黑四种颜色属性。汉阳陵历年的考古工作中就发现汉景帝陵园南门阙原来的墙体上由朱红色的痕迹，而帝陵东门阙遗址的发掘中，又明确有青色的墙皮出土。这表明汉景帝陵园四个方向的门阙应该是对应着"四神"的四种颜色，即东门阙青色、南门阙朱色、西门阙白色、北门阙黑色。这应该就是汉阳陵四个门阙根据按照"四神"属性来营造的结果。

考古成果显示"罗经石"遗址应是汉阳陵的陵庙"德阳宫"所在，是后代祭祀汉景帝的场所。作为汉阳陵陵园内最重要的礼制建筑，其平面呈两个同心的正方形，遗址四周的垣墙中间各开一门，垣墙的四个角都有曲尺形的建筑，遗址的中心位置有一个方形的建筑，建筑的中心位置有一个刻有正十字沟槽的巨石柱础（"罗经石"）。这种建筑布局的方式和结构应该也深受"五行"思想的影响，青龙、白虎、朱雀和玄武纹饰的空心砖很有可能就是在四门附近作为踏步或其他建筑构件来使用，用以代表东、南、西、北四个方向，也分别表示着"五行"中的木、金、火和水，而五行中最为尊重、用土黄色来表现有多重含义的"土"应该位于该遗址的中心位置，同时这个中心建筑中供奉的极有可能是汉景帝的神主，象征着天子居于四方中央，享有天下的尊贵位置。

● 玄武纹砖

两千年后，当年让人顶礼膜拜的陵庙"德阳宫"已经没有任何建筑的痕迹存于地表，人们只能在考古学家对外公布的建筑基址平面图上来感叹这个建筑当年的宏伟和规整，探讨着它奇特的形制结构所代表的种种寓意，幸而还有这些废弃后埋于地下的空心砖坚强熬过了两千年风霜雨雪的磨炼，用它们残破身体上富有动感和张力的"四神"图案，向今天的人们诉说着当年"德阳宫"的神秘故事。

（陈波）

"玄武"的前世今生

玄武是蛇缠着龟的一种形象，作为"四神"中唯一由两种动物造型构成的神兽形象，它最早出现在商代晚期的殷墟遗址中出土的文物上。在中国传统文化中玄武是代表北方的神兽，北方属水，尚黑色，在以农业立国的古代中国，玄武颇受民间重视和信仰。

汉代以后，玄武在"四神"中的地位逐渐升高，形象开始渐渐的人格化（或者称为人形化），至以道教为国教的唐代时，玄武已经由龟蛇合体的动物形象演化为"人形"，成为道教"四圣真君"之一的"玄武元帅"。宋真宗时期为了避讳其祖父赵玄朗的名号，改"玄武"为"真武"，并在各地不断涌现的玄武显灵的"事迹"后，册封人格化后的玄武为"真武灵应真君"。元代大德时期，信奉多神的元成宗又在宋真宗封号的基础上加封玄武为"元圣仁威玄天上帝"，使其一跃成为道家中北方的最高神。至明代"靖难之变"后，登上帝位的永乐帝朱棣认为自己能够从燕地起兵成功，是得到了"真武大帝"的旨意和帮助，于是下诏加封真武为"北极镇天真武玄天上帝"，并专门于武当山上大规模的修建宫观庙堂，特意在最为显著的天柱峰上修建'金殿'，用于供奉真武大帝神像。由于明代皇家的大力倡导，真武大帝的崇拜和信仰达到了鼎盛，不仅在道教体系内"真武大帝"的地位越来越高、尊号越来越多，皇家和民间也通过修建大量的宫、观用来奉祀真武大帝。至此玄武彻底完成了从最早表示方位的动物形象蜕变为道教的最高神祇的过程，并在中国传统文化中留下了深深的烙印，至今对中国的宗教和民俗等方面仍有着非常重要的影响。

「千秋万岁」瓦当

遮雨防朽　寓意吉祥

西汉（前206 — 25）

直径18.6cm
出土于汉阳陵南阙门遗址

　　该文物是汉阳陵遗址内保存完整的一件瓦当，出土于汉阳陵帝陵南门阙建筑遗址中，由筒瓦和瓦当个两部分构成。其中筒瓦内施布纹，前半部分为素面，后半部分为绳纹。瓦当中心乳突居于圆环中央，双阳线将当面分隔成四个等份，每格填有一字，自右向左竖读为"千秋万岁"。

　　该瓦当上的文字高突，为阳文，通过线条长短相互避让的变化，根据不同书写范围进行相应的变形，外廓造型、内部笔画的走向，均以局部服从整体的原则互相配合，达到内容与形式的和谐，使铭文和瓦面的边框

● "千秋万岁"瓦当

浑然成一体，这种艺术结构的处理在汉代叫作"就行法"。边轮较宽且平整，陶色为灰色，质地坚硬，背面光平，没有切痕和棱角，制作精细，当坯模制一次成型。

中国古代建筑主要以土木结构为主，为了防止雨水对木质构件的侵蚀和破坏，故而在古代的大型建筑上都有大量使用砖瓦来保护建筑。在阳陵陵区的帝、后陵园，礼制建筑、陪葬墓园、陵庙建筑、寝殿和便殿、阳陵邑等大型建筑遗址中出土了大量诸如板瓦、筒瓦、条砖、铺地砖、散水、脊兽、空心砖等建筑材料，其中最具特色的就是瓦当。这些建筑材料上的装饰题材非常丰富，有回纹、绳纹、云纹、葵纹等纹饰。瓦当上有"长乐未央""与天无极""万寿无疆""延年益寿"等文字内容，都是吉祥颂祷之辞，词藻极为华丽，多作篆书，字大而遒美，和谐匀称，用笔抑扬顿挫，结字因势变体，曲屈富变化，布局讲究。凸显出当时人们对于景帝

生活的美好祈愿，既有大汉三朝的霸气，又有对于长生的向往。

最早的瓦当发现于陕西扶风、岐山一带西周中晚期的周原遗址，约在春秋晚期形成了比较完善的模式，并成为一些大型建筑的重要组成部分。早期的瓦当多为半圆形，主要纹饰为四神、动物纹，后来逐渐向卷云纹、旋曲纹等纹饰发展。至秦汉时期瓦当工艺发展达到鼎盛，瓦当的造型千姿百态，是绘画、工艺和书法相结合的艺术。汉代瓦当是在秦代瓦当基础上发展起来的，青出于蓝而胜于蓝，不仅数量多，而且种类更加丰富，制作也日趋规整，纹饰图案井然有序。纹饰取材几乎囊括天上、地上、神话世界和人间生活的各个部分。

考古专家刘庆柱先生认为："就目前的考古资料来看，文字瓦当可能出现于汉景帝时期，普及于汉武帝时期，西汉中晚期为文字瓦当发展的盛期。"因此具有划时代的意义——它把文字与建筑完美结合，突出了建筑的人文色彩，开启了建筑的人文景观，成为我国古典建筑结晶点之一，并标志着瓦当艺术走向鼎盛和巅峰。到魏晋南北朝时期，瓦当当面开始变小，纹饰以卷云纹为主，文字瓦当锐减。而在唐代，莲花纹瓦当最常见，文字瓦当几乎绝迹。宋代则开始多用兽面纹瓦当，明清蟠龙纹瓦当较为常见。

文字瓦当的大量出现，不仅完善了瓦当艺术，同时也开辟了一个全新的艺术领域和研究范围，更加鲜明地反映当时社会经济、思想意识形态。文字字数从一字到十字不等，多为篆书，也少见隶书，在圆形这一特定范围内，充分发挥了篆文书法的装饰艺术，纵横合度，布局完满，根据文字的多少、繁简，精心布局，达到了与印章异曲同工的艺术效果。

（张琳）

西汉（前 206 — 25）

长101.5厘米，宽45.5厘米
出土于汉阳陵南阙门遗址

　　汉阳陵遗址内的板瓦集中出土于帝陵南门阙遗址，数量巨大。绝大数板瓦外饰粗绳纹，纹宽 0.7—0.8 厘米，内侧素面或抹光绳纹。由于板瓦主要是在大型建筑之上用于遮风避雨，在建筑损毁、倒塌之时往往都是从高处坠落，故而出土的多数都已经残碎，仅少数可以复原。图中所示的这件板瓦，出土时已经不全，但仅残长即达到了 101.5 厘米，是中国已发现的同类文物中最为巨大的一件。

　　在整个中华文明生生不息的大背景下，传统的房屋建造技术——包括夯土、榫卯、覆瓦等，虽然在长达数千年的发展历程中不断发生着细节变

化，其体系却可以说是始终如一。中国已知最早的瓦发现于陕西关中平原西部岐山下的周人故都，历经周秦汉唐以至现当代。房屋瓦顶的构造方式是这样的：在斜坡状的屋顶椽木中间层层叠叠地铺好板瓦，凹面朝上，板瓦之间的纵向接口上覆以筒瓦，再在筒瓦最前端房檐边缘缀以具有保护木料及装饰作用的瓦当，实用、美观兼备的精巧屋顶便大功告成。

今天我们所熟知的古代建筑以明清时期作品为多，至于汉景帝时期距今已两千二百多年，皇帝陵园内的门阙墙垣、宗庙寝殿等建筑物早已倾毁于地下，我们只能依靠出土器物的零散信息来"脑补"出它们当年的壮丽模样。但即便如此，诸多细节仍可让人叹为观止，正如汉阳陵帝陵南门阙遗址出土的这块残长即 101.5 厘米的板瓦体量无俦，当初由它们拼起来的那栋建筑也一定绝非凡品。

　　"安得广厦千万间"——唐代大诗人杜甫此般引人深思地发问时，千载之下世事变改，他要是亲眼见到恐怕也会对秦汉时期宫殿建筑之宏大感到不可思议。东汉大学问家班固称西汉长安城的宫阙台阁是"树中天之华阙，丰冠山之朱堂"，又如"长桥卧波，未云何龙；复道行空，不霁何虹"，关于秦汉时期雄伟建筑的记忆直到后世还存留在人们心里，诸如此类的描述已足够引人遐思。

　　若用实物说话，残存至今的西汉未央宫前殿遗址是一南北长 400 米、东西宽 200 米的略加夯筑的自然台地"龙首山"，历经千年风吹雨淋，现在其最高处仍然高出地面十余米，在整个汉长安城遗址中地势最高。台基之上自南而北罗列着三座大型宫殿基址，它们各自居于三座逐次升高的台面，面积则分别为 3476 平方米、8712 平方米、5546 平方米。同中国现存最具代表性的古代宫殿——北京故宫进行对比：太和殿作为全宫最高大的殿宇，台基高约 8 米，面积不过 2377 平方米，规模竟然都不如未央前殿中最小的一座。至于出土了巨大板瓦的汉阳陵帝陵南门阙，遗址东西长 134 米、南北宽 10.4—27.2 米，面积 2380 平方米，最高处约 6 米。仅仅一座门阙，也几乎抵得上清代的一座"金銮殿"。又如中国古代另一处鼎鼎大名的皇宫建筑——唐大明宫含元殿，正殿遗址夯土根基也不过 3089 平方米。由此可见，"遥想汉人多少闳放""魄力究竟雄大"之言果然不虚。

秦汉、隋唐、明清几代更迭，粗略来看，大型建筑的体量竟然一代不如一代了。要按传统的进化论思想，历史总是从简单到复杂、自朴素走向奢华的，那么秦汉时期的大型建筑为何打破了"常规"，在中国古代建筑当中一枝独秀呢？

诚然，历史的发展不是单线条的，途中也会不断受到特定时代的政治需要、社会风情等宏观因素的影响。东周时期以降，随着新兴领土国家与政治霸主势力的抬头，旧的贵族宗法体系逐步瓦解，早先那些静幽、神秘而朴素的宗庙建筑也渐渐让位于用以炫耀财富、国力的大型高台建筑。夯土台基为本、木架为骨、瓦顶为盖，这一切终于在前无古人、后无来者的"祖龙"——秦始皇帝身上发扬到了极限。他创造了举世无双的宫殿建筑群、冠绝古今的陵墓，用以"镌功勒成告万世"，彰显不世伟业。汉虽承接"暴秦"之弊，但相国萧何在为帝国营造新都城的时候仍然不惜大建"壮甚"的宫阙。汉高帝为此大怒，萧何的回应则是"夫天子四海为家，非壮丽无以重威"。

汉代陵寝以距离今日地表数米之深的汉代地表为界，其下的出土物以微缩为主要特色，其上则叫得上一个霸气雄浑。两者对照，视觉的反差与冲击感令人难忘，这是汉代的一个非常耐人寻味的地方。秘藏于地下的随葬品属于死者的世界，似乎更多地带着陵墓的设计师有意而为的对现实的"重构"思想。至于仍然属于地上生人世界，供守陵、谒陵的人们使用的建筑，同渭河对岸的宏伟都城一样，以现实的方式向人们诉说着大汉帝国"图皇基于亿载，度宏规而大起"的历史业绩。千载之下繁华尽隳（huī），如今汉家陵阙唯余西风残照，每思于此，吊古之情不亦盛乎？

见微知著，汉阳陵南门阙遗址出土的这块巨大的板瓦虽然早已崩离原位、光辉不再，但仍然以整体的一个有机组成部分的姿态，向我们讲述着两千二百多年前关于"壮丽"的那些失落的传说。一片碎瓦上印制的"阳陵口"字样，生动再现了当年的工匠们专为皇帝陵墓造作各种建材的场景，似乎要把观者的思绪拉回那个巨万徒众"负土成坟""树草木以象山"的时候。那么，"安得广厦千万间？"诚是无数名不见经传的劳动者以其"黾勉从事"创造出来的。

为了统治者要世人永远铭记帝国荣耀的理想，下层劳动者付出的艰辛恐是我们难以想象的，这一栋栋"广厦"与杜工部诗中"大庇天下寒士俱欢颜"的愿景相比，也真可谓是大大地讽刺了。据说"汉天子即位一年而为陵，天下贡赋三分之，一供宗庙、一供宾客、一充山陵"，此言系后世追述，可能带有一定的夸张成分，但不论如何西汉诸陵的雄伟从古至今已然有目共睹。即便勤俭持家、治国如孝景皇帝，为他立起的这座"纪念碑"园也照样没有脱开秦汉所特有的"壮丽"底色。"悠悠我悝，亦孔之瘝。四方有羡，我独居忧；民莫不逸，我独不敢休""溥天之下，莫非王土；率土之滨，莫非王臣。大夫不均，我从事独贤"，专制皇权所执掌的时代里百姓总是兴亡皆苦，对此，活在今天的我们真是应该深感庆幸了。

（田厚嘉）

榫卯

榫卯是中国及东亚传统木建筑所独有的一种构造方式，简单来说类似于今天儿童玩具中可拼接的积木以及立体拼图。这些传统建筑以木框架为主体，需要用到的材料为各种雕琢完毕的木质零件，其中梁柱用于承重、支撑屋顶，梁柱之上架起大梁，再在大梁之上重叠数层逐层缩短的梁木和"瓜柱"（短柱），构成一组用于支撑屋顶坡形斜面的木框架——这就是古建筑学中常说的"抬梁"法，是中国古代建筑中最为常见的一种构建方式，尤其在大型宫室建筑的历史内贯穿始终。房梁被逐层"抬"起来之后，再在上面搭接"椽子"来构成屋顶的基底，最后在"椽子"之间以鱼鳞状覆盖瓦片，一座传统"抬梁"建筑也就基本完成了。除抬梁法之外，中国传统木建筑还有类似于水井壁的"井干"和以房屋侧壁的小型"檩木"替代复杂抬梁结构的"穿斗"等构建方法，但不论如何都以榫卯结构为基础。"榫卯"即建筑构件之间的凹凸结合，凸出部分叫作榫，又称"榫头"，凹下部分叫作卯或"榫眼"。榫、卯之间两相插接、巧妙组合，无需钉子或黏合剂即可完美地构造牢固的建筑框架，承重能力强，且轻巧而富有弹性，甚至具有较好的抗震能力，以"拼"为连接形式的各种零件也便于更换维修。已知最早的榫卯结构发现于浙江余姚的河姆渡新石器时代遗址，距今已有六到七千年，所用构建方式为较为原始的"井干"式，虽然相对粗糙，但经过长期发展演变，成为中国传统工艺的核心内容之一。

彩绘胡人头陶仓

囤积五谷 彰显财富

西汉（前206—25）

高51厘米

出土于汉阳陵陪葬陵园

　　这件胡人头陶仓为泥质灰陶，圆筒形器身，圆屋形顶，由瓦脊将之等分为六，中间有一圆孔，原本应有盖子，出土时已不存。器身由三组弦纹划分为上中下四区，并饰有彩绘。器身腹部下方设有一个出谷孔，孔上有一人面像形孔塞，额头宽大高凸、眼窝深凹、颧部饱满、鼻梁高挺、呈微笑状。底沿附三兽形足。

　　古代中国以农业立国，粮食产量关乎民计民生，在粮食出现盈余之后，长时间储存和防潮防盗的需要催生了粮仓。在汉阳陵外藏坑及陪葬墓中出

彩绘胡人头陶仓

彩绘胡人头陶仓（局部）

土了大量陶仓，它们是汉代农业生产水平不断提高，生活需求得到进一步满足的真实反映。

汉初，经过秦代暴政和秦末农民战争的破坏，经济凋敝，田地荒芜。以高祖为首的统治集团采取休养生息，轻徭薄赋政策，力图快速恢复和发展生产力。汉文帝时，将税率调至十五税一，景帝时，再降为三十税一，以此刺激生产，稳定民心。至汉武帝时，终于出现了粮食家给民足，官府粮食堆积如山，因来不及食用以致发霉腐烂的空前繁荣。汉阳陵遗址内出土的陶仓模型，就是这一局面的体现。

汉阳陵陪葬墓园出土的陶仓主要有两种：方形的称为仓，圆形的称为囷。囷字，《说文解字》解释说"廪之圜者"。因此，严格意义上说这件文物应该称作胡人头陶囷，但是约定俗成，也称作陶仓。《史记·管晏列传》记载说："仓廪实而知礼节，衣食足而知荣辱，上服度则六亲固。四维不张，国乃灭亡。下令如流水之原，令顺民心。"可见，粮仓的丰盈与否，既与社会的文明程度密不可分，更与国家的长治久安息息相关。

这种陶仓在陕西汉代墓葬中有零星发现。如陕西历史博物馆、榆林学院陕北历史文化博物馆均收藏有与这件外形相似的陶仓。这件陶仓的独特之处在于它的人面像形塞孔。人面像类文物并不鲜见，西安半坡遗址出土的人面鱼纹盆、洛南县出土的红陶人头壶、高陵杨官寨遗址发现的"镂空人面深腹盆"都是其中的代表。而这件与汉族人容貌差异巨大的孔塞，则使人们将目光聚集在了更远的地区。

　　战国以来，中原地区始终受到以匈奴为主的北方游牧民族侵扰，华夏族将中国以北的蒙古高原地区的游牧族群统称为"胡人"。后来胡人一词则被用来作为中国北方和西方的外族或外国人的泛称。与此相伴随，汉代文物上出现了大量的胡人形象。汉画像石有车马出行，胡人导引、胡汉交战和胡人乐舞百戏等图案，山东青州、兖州、临沂等地发现有大型胡人石像，广州汉墓也出土有数量不少的胡人托灯俑，这些都说明当时胡人已经与中原地区有了较为频繁的交流，胡人形象在汉代得到了程式化的表现。关于胡人的族属，

● 彩绘胡人头陶仓（局部）

最重要的是匈奴，如《史记·平准书》中说："其后，汉将以数万骑出击胡，及车骑将军卫青取匈奴河南地，筑朔方。"又如王昭君和亲匈奴的封号就成为"宁胡阏氏"，匈奴休屠王太子金日磾在当时就有人蔑称为"胡儿"。此外，乌桓、鲜卑因在匈奴之东，"故曰东胡"，将西域或西域胡人称为西胡。关于胡人的形象，《史记·大宛列传》中说："自大宛以西至安息，国虽颇异言，然大同俗，相知言。其人皆深眼，多须髯。"东汉繁钦《三胡赋》中描述的更为生动："莎车之胡，黄目深睛，员耳狭颐。康居之胡，焦头折颏，高辅陷无，眼无黑眸，颊无馀肉。罽宾之胡，面象炙蝟，顶如持囊，隅目赤眦，洞頞仰鼻。"对照这件胡人头孔塞和史籍中的描写，与"深睛""仰鼻"的形象较为一致，说明它是汉代工匠对胡人形象的真实写照。汉武帝凿空西域后，丝路上的匈奴势力基本被肃清，西胡诸国和汉朝之间的使者、商旅来往频繁，而匈奴的降卒也开始进入中原地区，有些成为胡奴，前面提到的金日磾，少年时代就被汉军俘虏，安置在黄门署饲养马匹。因此将胡人形象制作为随葬陶仓明器的孔塞，可能是对贵族家役使的胡奴的象征。

（赵超　白冬梅）

陶六博盘

风靡一时的赌博用具

西汉（前 206 — 25）

长33.5厘米，宽33厘米
出土于汉阳陵皇后陵园

　　该件陶六博盘出土于王皇后陵园内，它平面基本呈正方形，是将一块素面灰色方砖表面打磨光滑后，用刀具在其上阴刻出"T""L""V"形六博棋道制作而成。其用料简陋，制作粗疏，不像是陵园中的陪葬品，可能是当时的守陵人为消遣娱乐而随意制作的器具。

　　六博是古代中国流行最早并具有完整规则和道具的一种赌博游戏。这种游戏的道具由棋盘、棋子、箸三种构成，游戏的双方各有 6 枚棋子，其中一枚相当于王的棋子叫"枭"，另有 5 枚相当于卒的棋子叫"散"，行

● 陶六博盘

棋在刻有曲道的盘局上进行，用投箸的方法决定行棋的步数。

秦汉时期，六博成为最受欢迎的游戏和赌博方式之一。汉代的文帝、景帝、武帝、昭帝、宣帝都很喜爱下六博棋，当时朝廷里还设有博侍诏官，善博的人在社会上享有较高的地位并受到人们的尊敬，当时还出现了专门研究博术的人和著作。汉代画像石上经常见到刻有两人席地而坐，中间置一六博棋盘，旁边置放酒尊、耳杯等物的场景，可见汉代文人士大夫们以六博为戏、饮酒助兴的雅逸风尚。

六博棋相较于同时期的围棋，游戏规则简单、对抗性强，下棋时的运气占了很大成分，结果往往是赢的人得意忘形，输的人心有不甘，极易引发人和人之间的争执。汉阳陵的墓主人汉景帝在还是太子时，就曾经因为同人下六博棋还差点掀起了一场引起全国内乱的风暴。原来在汉文帝时，汉高祖刘邦分封的刘氏宗室同姓诸侯王的势力逐渐发展壮大，他们越来越不把汉室皇帝放在眼里，吴王刘濞就是其中之一。但当时由于种种原因，他又不得不在表面上行臣子之礼，每年仍然亲赴长安，朝拜皇帝，并时常派遣自己的儿子到长安联络感情。这一年吴太子又来到长安，文帝为增进刘启与吴太子堂兄弟之间的情谊，便安排两人饮宴游玩。期间刘启身为主人，便招呼吴王太子来玩大家都会的六博棋。不知这两位太子是因为两地的规则不同还是性格方面的互不忍让，居然为了争抢棋道而发生争吵，身为太子的刘启居然在暴怒之下，举起六博棋盘，狠狠地砸向吴国太子的头颅，由于下手太重，顷刻之间，吴太子一命呜呼，竟然气绝身亡。

震惊之余的汉文帝为了妥善处理此事，专门派使者护送吴国太子的尸体回到吴国进行安葬。得知丧子消息的吴王悲痛欲绝，悲愤地对使者说："天下都是姓刘的天下，死了葬在长安就是了，何必送回来！"，使者没有办法，只能将吴国太子的尸体运回长安安葬。中年丧子的吴王自此之后一直称病，不再按臣子的礼节每年赴长安觐见。汉文帝自觉理亏，也没有追究，并允许吴王可以不来长安朝觐，同时赐给吴王鸠仗、几案等以示安抚。然而，丧子之痛又岂是几句安慰、几件东西所能够抚平的，自此之后，吴王心中反叛西汉中央王朝的决心更加的强烈了。而时为太子的刘启也因为自己的一时鲁莽，为后来发生的"七国之乱"埋下了祸根。

（陈波）

七国之乱

汉高祖刘邦在建立汉朝后，在同开国功臣们总结秦灭亡的教训时，认为秦始皇建国后没有像周代对自己的宗族兄弟那样实行"分封"，导致有人反叛时地方上没有人来拱卫中央。因此，刘邦当上皇帝后，对自己的兄弟子侄都进行了分封，并用白马血与诸位大臣歃血为盟，昭告天下，史称"白马之盟"。

刘邦去世后，经历了汉惠帝、汉文帝，到了汉景帝时期，原来依靠血缘关系为纽带建立的宗族亲情也在此时逐渐疏远和淡薄，而分封制的弊端日益突出——各个分封国不仅享有独立的财政、军事权利，甚至有着独立于中央的官僚体系，随着各个分封的诸侯国逐渐做大，开始慢慢威胁到西汉中央王朝的统治。汉景帝即位后，面对这种尾大不掉的局面，听从了他老师晁错的建议，开始实行"削藩"政策，旨在削弱地方势力，维护中央的权威。由于地方上各分封诸侯国反叛之心日久，受"削藩"政策影响最多的七个刘姓宗室诸侯王，对外联络匈奴，以"清君侧、诛晁错"为名发动叛乱，史称"吴楚七国之乱"。汉景帝受人鼓动，腰斩了晁错后，任命周亚夫为太尉，发兵平叛，仅用三个月就击败了吴楚联军，平定了"七国之乱"。自此之后，西汉的地方势力再也无力挑战中央的权利，西汉中央集权的制度进一步加强，也为汉武帝后来实行"推恩令"彻底解决封国问题打下了坚实的基础。我们今天的成语"乱七八糟"，中的"乱七"指的就是汉景帝时期的"七国之乱"这个历史事件。

陶围棋盘

经纬纵横 博弈之乐

西汉（前 206 — 25）

长28.5厘米，宽20厘米

出土于汉阳陵南门阙遗址

　　该件围棋盘出土于汉阳陵帝陵南门阙遗址，是我国目前发现最早的一个围棋盘实物。该物在出土时就已经残破，当年应该是在一块普通的铺地方砖上阴刻线条加工而成的，线条刻画明显，棋盘上星位也与今天基本相同。通过对比其他完整方砖的尺寸及现存刻画线条的数量推测，这个围棋盘上应有纵横交错的十七条棋道，这与中国早期的围棋形制相符。该件围棋盘虽然出土于汉阳陵核心遗址区，但是其材质低劣、棋道的刻画也非常不够规整，再结合出土时的地层堆积分析，推测应该不是专门制作的陪葬用具，应是当时在陵园中值守的一般人员为了打发无聊、漫长的守陵时光在一块陶质的铺地方砖上刻画出棋道，用以自娱自乐的工具。当然这也从另一个方面向我们验证了在距今2000多年前的西汉时期，围棋不仅是贵族阶层的游戏，而且已经在陵园的守卫或者其他底层人员中流行开来。

　　围棋古代叫作"弈"，是源于中国的一种策略性游戏，一般需要两人进行对，因此古代又将两人下围棋一较高下称为"对弈"。据说，在中国上古时代的"尧"帝发明了围棋，这种说法在先秦时期的典籍《世本》中就有记载，这表明围棋产生的历史确实非常久远。至少在春秋战国时期，围棋就已经开始广泛的流行，这一时期的《左传》《论语》《孟子》等著名经典中都有当时人进行对弈活动的描述。

　　东汉以后，围棋实物出土的越来越多，不仅有完整的围棋盘和棋子出土，围棋所使用的材质也开始变得多种多样，有石质、水晶、玉石、玛瑙、金属等。1952年河北望都的一座东汉墓中曾出土了一件完整围棋盘，该棋盘材质为石质，平面呈正方形，上刻有纵横棋道各17条，这是我国目前发现最早的一个完整围棋盘。这一时期一直到三国时期，由于频繁的战乱，许多士族和权贵都将小小的一方围棋盘围视作一个黑、白交战的"战场"，通过棋盘上的纵横征伐，来展示和训练下棋者的军事才能。在这样的历史氛围的熏陶下，这一时期的许多著名的军事家如曹操、陆逊等都是时人称道的围棋高手。

　　到了魏晋南北朝时期，崇尚清谈的士人逐渐将一边对弈一边谈论玄学

● 陶围棋盘

演化成为一种时尚，围棋棋盘的格局也在此时发生了很大的变化——由原来的"纵横十七道，合二百八十九道"变为纵横十九道的"三百六十一道，仿周天之度数"，这与今天围棋盘的标准已经接近一致。棋道的增加使围棋对弈的空间和方式都发生了变化，在增加难度的同时也增加了游戏的乐趣，因而得到越来越多人们的喜爱。这一时期也是围棋理论的一个成熟期，出现了许多有关围棋的著作，如《棋九品绪论》《围棋势》《棋品序》等有关围棋的著作，主要是探讨棋品、棋艺以及一些著名棋局的棋谱等，甚至一些皇帝如梁武帝还撰写了《棋评》和《围棋赋》等著作，许多围棋的专用术语、围棋理论、战术思想等在此时得以固定，并向专业领域拓展。我们今天常用的"手谈""坐隐"等与围棋有关的名词许多都是在这一时期产生并固定下来的。由于魏晋南北朝的统治者们大都痴迷于围棋，他们甚至为专业棋手设立了专门下棋的官职，同时根据棋手水平的高下将他们自高到低划分为"入神、坐照、具体、通幽、用智、小巧、斗力、若愚、守拙"九个"棋品"的品级，当今围棋棋手的"段位"制度即来源于此。

到了唐宋时期，整个社会自上而下都表现出了对围棋运动的喜爱，文人雅士们则将围棋与琴、书和画称为"文人四友"，视它们为修身所必须掌握的技能。唐代时，专门在翰林院供奉有陪皇帝下棋的专业棋手，称为"棋待诏"，这些专业棋手需要严格地进行多重考核才得以入选，一般都具有非常高超的棋艺，因此又有"国手"之称谓。唐代这种制度一直延续到南宋时期，表明了国家对围棋专业棋手的认可和鼓励，使得围棋在社会上的影响力得到了极大地提升。这一时期随着中国对周边国家影响力的不断加强，围棋逐渐开始传遍东亚、中亚等地，围棋运动自此以后逐渐开始在世界范围流行开来。时至今日，在日本正仓院仍完好保存着我国唐代赠送给当时日本孝武天皇的精美围棋盘。

（陈波）

举棋不定

中国最早关于围棋的文字记载见于《左传》，它记载了公元前548年（襄公二十五年）发生的一件事情：卫国的国君卫献公因为骄横残暴、肆意妄为被大夫宁殖和公叔文子等多位大臣联合起来驱逐出了国境，然后宁殖拥立卫殇公做国君，自己保持朝政。宁殖死之前，又觉得自己身为臣子驱逐国君有点不合礼仪，于是嘱咐儿子宁喜在适当的时候可以将卫献公迎立回来。宁殖死后，卫献公派使者同宁喜商量他回国的事宜，没想到宁喜居然答应了。公叔文子听说后极力反对，他认为当时宁殖驱逐了卫献公，现在又要把他迎回来继续当国君，这就如同"弈者举棋不定、不胜其耦"，意思是说就像下棋的人举棋不定，肯定不能战胜对手一样，这是在劝宁喜做事情一定要前后一致，尤其是这种废立国君的事情，切勿犹豫不定、前后反复否则必定会招来祸患。我们熟知的成语"举棋不定"就是从这里来的。后来宁喜一意孤行，没有听从公叔文子的建议，等卫献公复位后，很快就将宁喜杀掉了。

沉箭式陶漏壶

滴水计时　测算光阴

西汉（前206—25）

高22.5厘米，直径10厘米
出土于汉阳陵南区外藏坑遗址

　　这件器物呈圆筒形、平底，底部有一长筒形孔道，是汉代常见的一种计时工具，称为漏壶。每种古老文明都对时间的感知和测量倾注了很多智慧，我们古人也是在长期的生产生活实践中，根据"立竿见影，视影知时"的原理，首先发明了圭表测影。然而，没有太阳的日子怎么计算时间呢？于是古人又发明了一种计时器——漏壶。

　　漏壶最早的发明时间目前尚无定论，但根据《周礼·夏官》等文献记载，可知在周朝已经有了漏壶。至春秋时期，漏壶的使用已很普遍了，但目前发现的漏壶实物均属西汉早期，其大小、质地虽有不同，但形状都和我们介绍的这件陶漏壶大致相似，而且都是单只泄水型漏壶。所谓泄水型漏壶就是通过观测容器内水的漏泄减少情况来计量时间，而另外一种则是通过观测容器（底部无孔）内流入水的增加情况来计量时间，因此叫作受水型漏壶。在一些文明古国，如中国、埃及、巴比伦等，都使用过漏壶。

中国的漏壶也称刻漏。最早的漏壶是在漏壶中插入一根标竿，称为箭。箭下用一只箭舟托着，浮在水面上。水流出或流入壶中时，箭下沉或上升，根据箭上刻度的变化，借以指示时间的早晚。前者为泄水型沉箭漏壶；后者为受水型浮箭漏壶。这两种漏壶统称箭漏。此外，还有以滴水的重量来计量时间的称漏及以沙代水的沙漏等。

沉箭式漏壶

箭漏是中国历史上用得最多、流传最广的计时工具之一。单只漏壶结构简单，使用方便，但是由于水流速度与壶中水的多少有关，也就是说随着壶中水的减少，流水速度就会变慢。这样，就直接影响到计时的稳定性和精确度。西汉末东汉初年，人们在实践中又对单只漏壶加以改进，即在漏水壶上再加一只漏壶，用上面流出的水来补充下面壶的水量，从而提高下面壶流水的稳定性。但这种办法只适用于受水型漏壶，因此泄水型漏壶很快便被淘汰了。发明增加补给壶的办法之后，人们自然会想到，可以在补给壶之上再加补给壶，形成多级漏壶，不断精确对时间的测量。直至清朝末年，随着西方钟表传入中国，这种古老的计时方法才逐渐被淘汰。

（陈波）

太阳钟

人类最早使用的计时仪器是利用太阳的射影长短和方向来判断时间的。前者称为圭表，用来测量日中时间、定四季和辨方位;后者称为日晷，用来测量时间，二者统称为太阳钟。圭表中的"表"是一根垂直立在地面的标竿或石柱;"圭"是从表的跟脚上以水平位置伸向北方的一条石板。每当太阳转到正南方向的时候，表影就落在圭面上。量出表影的长度，就可以推算出冬至、夏至等各节气的时刻。表影最长的时候，冬至到了;表影最短的时候，夏至来临了。它是我国创制最古老、使用最熟悉的一种天文仪器。公元前1300—前1027年，中国殷商时期的甲骨文，已有使用圭表的记载。《诗经·国风·定之方中》篇有"定之方中，作于楚宫。揆之以日，作于楚室……"确切记载使用圭表的时间为公元前659年。圭表等太阳钟在阴天或夜间就失去效用，为此人们又发明了漏壶和沙漏、油灯钟和蜡烛钟等计时仪器。

玉璧和玉圭

锵鸣琳琅 以地通天

西汉（前 206—25）

玉圭长 7.5 厘米，宽 1.95 厘米

玉璧直径 3.8 厘米

出土于汉阳陵宗庙遗址

　　这两件文物出土于汉阳陵的宗庙建筑遗址，其中玉圭形似剑身，白玉质，土沁颜色深重；玉璧为圆形，中有小孔，肉（孔以外的器体）宽大，形似磨盘，白玉质。宗庙遗址的玉璧与玉圭在出土时一般均为成组放置，应是在建筑修建时的祭祀用玉。

　　玉在古代中国有着悠久的历史和特殊的地位，不论是古书中"至黄帝之时，以玉为兵"的记载，还是中国史前考古学史上那一次次重大发现，无不充分说明了玉在中华文明起源时期，乃至整个中国传统文化之中无可

玉
圭

玉璧

替代的位置。《周礼·春官·大宗伯》云："以玉作六器，以礼天地四方。以苍璧礼天，以黄琮礼地，以青圭礼东方，以赤璋礼南方，以白琥礼西方，以玄璜礼北方"，说明玉具有代表"六合"亦即"天地四方"的象征含义。而《荀子·法行》所载孔子言论："夫玉者，君子比德焉。温润而泽，仁也；缜栗而理，知也……"，则表示玉在古人心目当中又有个人道德层面的价值。

大概正因为如此之属的意义，古代的祭祀活动与私人服饰中都深深浸入了玉的文化。"抚长剑兮玉珥，璆锵鸣兮琳琅"，说的是敬奉主神的大型典礼上主祭之人的配备；又如"鞙鞙佩璲"，西周贵族身上长长的玉组佩若星河般灿烂，古人对玉的特别描述无不引人遐思。玉因其坚贞之质、纯美之色而备受倾慕，又似糅合着种种神秘的意蕴，实是中国古代最具魅力的器物材质之一。

汉阳陵宗庙建筑遗址发现的玉璧和玉圭，则又于某种层面上加深了上述魅力。它们的器类包括圆形、中央为小圆孔的璧和形似剑身的圭，体量都很小，因掩埋甚久而染了尘，但除去斑驳土沁以外的颜色仍然皎白，绝非"珉"之流的劣等似玉石头。出土时它们即自成分组，且罗列方式独特：玉璧居中，玉圭尖端指向玉璧呈日轮状环绕；如此小小奇观，显是当初置办它们的人有意而为。

若按《周礼·春官》所谓"玉六器"来看，璧象苍天，再看同篇中另一段记载："王晋大圭，执镇圭……公执桓圭，侯执信圭，伯执躬圭"，不同身份等级的人携带不同尺寸、不同刻纹的圭以标明地位，出席典礼，这一用法则又与《礼记·玉藻》中对诸侯、贵族参与天子朝仪的"笏"略同了。由此来看，宗庙建筑遗址的玉圭之于玉璧，颇似后世佛家所言"万法归一""万佛朝宗"之意。可惜当初摆放它们的人早已作古，今天的人们也仅仅只是能根据其来尽力推测而已。

探寻文物的内涵，除了它们本身以及之间的共存关系以外，还要进一步去看出土遗迹单位这一较大的背景。关于宗庙建筑，陕西省测绘局因其中央刻着东南西北正方向的圆盘形"罗经石"，于 1997 年将其视作"最早的建筑测量标石"予以立碑纪念。但随着考古调查和发掘的深入进行，"罗经石"居于中央的宗庙遗址的形制逐渐明晰，其与汉长安城南郊"王莽明堂"的惊人相似而受到学者们的注意，先后有大量学者对此发表了自己的见解，目前基本认同是这一建筑具有非常浓厚祭祀性质，应是汉阳陵的内陵庙"德阳宫"的所在。因此可以确定以特殊方式摆放的玉器便是祭祀用玉无疑。

宗庙建筑遗址四四方方、层次分明，平面布局极为严整，其间祭祀用玉有条不紊地列陈于地，显然绝非随手布置或建筑毁弃时到处倾泻，人们也不可能只把玉器平铺在房屋内地面上任人践踏。所以，这些祭祀用玉应当是被古人以专门的仪轨主动埋入地下的，上面的土沁看来颇有来头。《山海经·五藏山经》有言："凡十山……其祠之礼：毛用一璋玉瘗""凡十七山……其祠：毛用一璧瘗"，屡屡提到祭祀所用的"瘗玉"也就是埋玉之法，此法似从上古之世由来已久。只是汉阳陵二号建筑中的受祭者不论是苍天还是身为"天子"的皇帝，埋玉于地好像并不是合理的献祭途径，且《山海经》也只说祭山，无涉苍穹。《汉书·武帝纪》说汉武帝也有"祠常山，瘗玄玉"之举，说明"瘗玉"确实是祭山之常俗。然西汉景帝、武帝之际，儒学的正统独尊地位还未确立，先秦时期遗留的百家思想尚处于整合过程，一些风行于早年、未成体系的祠祭之礼被皇家祭仪所借鉴吸纳，此事也可在情理之中。

无独有偶，"瘗玉"祭祀的现象在西汉时期遗留的其他考古发现中也有展露。

被评为2016年度中国十大考古发现之一的陕西凤翔雍山血池秦汉祭祀遗址，其祭祀坑中出土了大量璜、琮、璋、璧以及玉人等种类繁多的玉器，以及马、牛、羊等牲畜的骸骨等，正与史书中关于"雍四畤""畤驹四匹……黄犊羔各四，珪币各有数，皆生瘗埋，无俎豆之具"的记载相符。作为战国秦汉时期国家祭祀"五帝"也就是五方天帝的场所，"雍畤"既采用了和祭山相似的方式，着实引人深思。又如甘肃礼县鸾亭山西汉时期祭祀遗址，与汉阳陵宗庙建筑相似，都见璧、圭成组地出土于房屋遗址内，并发现有逐层叠放在沟内的璧和圭等。值得注意的是以上两处祭祀遗址都位于山陵之上，正如史书所言"盖天好阴，祠之必于高山之下，小山之上，命曰畤""自古以雍州积高，神明之隩，故立畤郊上帝，诸神祠皆聚云"，可见以官修正统史书为代表的古代官方思想也已经将拔地而起的山同上苍联系了起来。正所谓"嵩高维岳，峻极于天；维岳降神……"，又如古蜀国的望帝杜宇"从天堕止朱提（山）"这样的故事、大家耳熟能详的"天柱"不周山等等，山无疑是古人们心目中登天的重要通道。所以在某种程度上，说祭山约等于祭天也不为过了。

　　"锵鸣琳琅"的玉，以其润泽致密的"玉德"（质量）与五色炫曜的"玉符"（颜色），在古人心灵中登上了无可替代的象征地位。在此基础上，又与作为登天之路的名山发生了密切的联系，以至于"瘗玉"这一上古祭祀之法直到西汉时期仍然是国家级大型祭典上习见的高等礼节。千载之下风尘变换，玉器的神圣意义随着时间渐渐衰退，但直至今日，玉仍然活跃在千家万户的日常生活当中。走下神坛的玉就是这样在数千年的历史沿革里逐渐深深浸透了中国人的心，玉的历史即一部压缩的中国史，此诚美哉。

（田厚嘉）

攻城破门器

体量巨大　摧城拔寨

西汉（前 206 — 25）

头长23.5厘米，尾长33厘米
出土于汉阳陵南区外藏坑

　　这件攻城破门器出土于汉阳陵南区 20 号外藏坑，木柄腐朽，只保留下青铜材质的首部和尾部。首部呈五棱中空尖锥状，五棱的最大一个棱面为下部，每个棱面有七八个小的楔孔，有铁钉锈痕，一侧棱面底部有一排刻画凌乱的隶书文字。尾部为圆形中空鱼尾型，两侧各有四个方形或长方形的小楔孔。

　　该器物出土后就立马引起了考古工作者的注意，一方面是因其造型独特，目前未发现与之相同的实物，另一方面是因为其个头比较大，在其他陪葬品均为缩小为原物三分之一的南区外藏坑中，该器物巨大的体量也就显得非常引人注目。根据其形状和南区外藏坑明显的军事属性内涵，考古工作者认为它应该是汉代攻城时专门用来破门的大型工具，因此命名为"攻城破门器"。

对于其正式的名称，有专家考证认为它是破门器中的"冲"。冲是我国古代重要的攻守器具，先秦时代已经出现，《诗经》《墨子》以及后世兵书多有记载。古代之冲可分两种：一种是作为攻城器具之冲，即冲车；一种是作为守城器具之冲，秦汉以前文献称作飞冲。两种冲之功用都是凭借冲槌的冲击力撞击敌方城墙、城门或者其他设施，故有的文献又称其为撞车。春秋时期的《墨子》和明代的《武经总要》都有记载。

冲车在早期的文献中记载不详，有人认为冲就是用以撞门的战车，把巨木固定在车底架上装成的，攻击时，战士以手推之，反复撞击城门。也有人认为冲即攻城槌，主要用来攻击城墙的上部或胸墙之类，这种槌的主体，可能就是多人操纵的树干。冲车的基本形制是轮上架有冲撞之攻城槌，槌要有相当的长度，才可及城之顶部，并有利于保护自己。除了攻城，作为攻具之冲还有其他用途，如还可以当作冲锋陷阵的武器。作为守城器具的飞冲在《墨子·备城门》有关于其名称的记载，是守城必备的器具之一。而飞冲的用法，按《武经总要》记载，是以绳索把冲槌与车架相连，撞击敌方攻城器具，冲槌远击后还可以收回。

汉阳陵出土的这件文物以青铜为槌首，与《淮南子》所载冲车"大铁著其辕端"及《武经总要》中撞车"以铁叶裹其首"的记录相同，都是为了使其坚固并增加冲击力，因此我们可以推侧，这件攻城破门器应该就是古代攻城所使用的"冲车"。

然而在令人费解的是在这件文物一侧刻画的铭文上却写道："十三年，

● 攻城破门器尾部

诏事，工秘府尉尹，工徒，木廷。"这说明这件器物在汉代被人们称为"梃"。

　　然而对照早期记录兵器较多的《墨子》以及秦汉时期有关军事记载的简牍，均没有这种造型梃的记载。特别是大量出土的汉代简牍兵薄中，对兵器种类，数量、损伤、杀伤力等都有详细记载，应为士兵使用兵器的真实记录，但是却没有任何与汉阳陵出土该件文物类似的兵器。而古代文献中称为梃的兵器有两种：第一种为连梃，连梃如打禾连枷状，可以旋转，取其用力省而打击重，专门待爬城敌人相距七八尺时，打女墙外上城的敌人；第二种梃，为大杖的意思。

　　通过对比可知，虽然这件文物自名为"梃"，但是其体量要远远大于文献记载的各种"梃"，反而更加类似于古代的冲车。因此，考古和文物的专家门也暂时很难对其作出合理的解释。出于科学研究工作的严谨性，这件文物在展出时，依然沿用出土的定名，称为"攻城破门器"，其实际的用途和功能还需要未来更多的考古发现和研究成果来破解。

（石宁　陈波）

鎏金车马器

华车美饰　权贵象征

西汉（前206 — 25）

鎏金铜盖弓帽长3.6厘米，口径1.6厘米

鎏金铜马镳长8.6厘米

鎏金铜车辖长2.9厘米，宽2.3厘米

出土于汉阳陵陪葬墓园

　　汉阳陵陪葬墓园出土的鎏金铜盖弓帽，呈管状，一端有柿蒂形装饰，也被称为"金华"，靠近开口处有一向后倒钩的牙状突起用来张伞，这个棘爪被称为"蚤"，金华与蚤合称"华蚤"，一般十几或二十几个为一组。铜质，通体鎏金。盖弓帽是套装在车盖弓骨末端的零件，我们可以把车盖弓骨看成是现代雨伞上的伞骨，那么盖弓帽就相当于雨伞伞骨末端的小帽。

　　鎏金铜马镳铜质，通体鎏金，两端宽扁呈叶片状，中部细圆。马镳是位于马衔两端，将马衔和缰绳连接起来的部件，通常插在环状的马衔孔内。

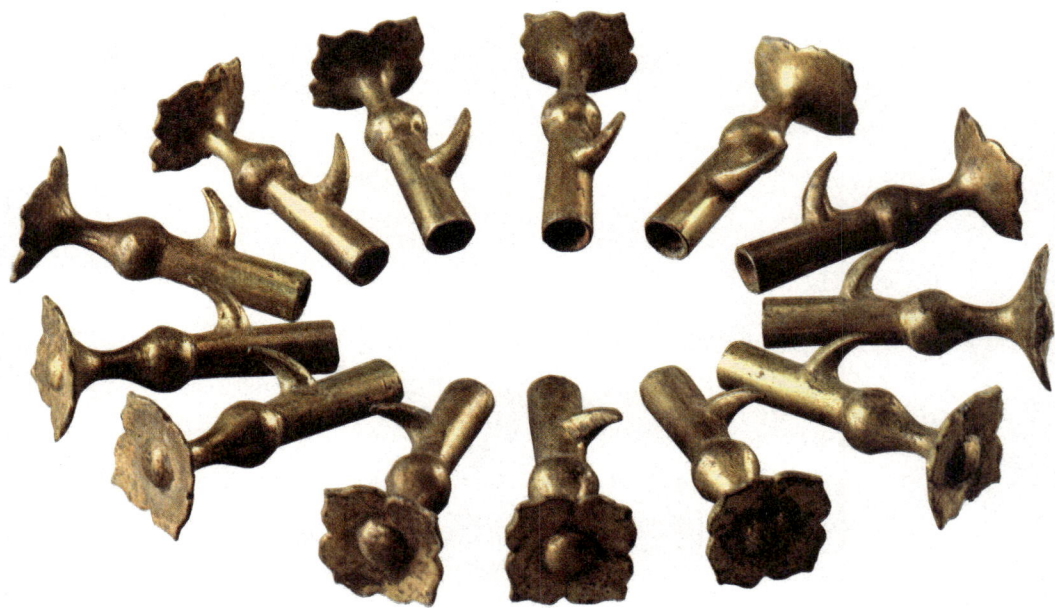

鎏金铜盖弓帽

鎏金铜车辖,铜质,通体鎏金,上部为圆角方形辖头,浮雕兽头,下部为长条形柄。车辖是插在车轴两端孔内的销钉,作用是固定车轮,使其不至于脱落,一般呈长条形,上细下粗,顶上大多有兽头装饰。

汉阳陵出土的这些鎏金车马器具有重大的历史、科技和艺术价值。首先,马车不仅仅是一种运输工具,更是身份和等级地位的象征,因此通过这些鎏金车马器,我们可以研究汉代的车制,区分不同等级地位的人能够乘坐什么样的车,与文献所记载的"辒车""安车"等相印证。其次,车马器上体现出当时的金属加工工艺和鎏金工艺,对于科技史的研究具有重大价值。最后,鎏金车马器也是汉代人的审美情趣和精神世界的外在表现。

"鎏"原意为美丽的金,后多用来指代鎏金工艺。鎏金工艺的发明和使用大约始于战国时期,两千多年来被历代所沿用,大量用于兵器、车马器、礼器、玺印、钱币、饰物及佛教造像等器物当中,鎏金工艺所需要的设备简单,成品牢固耐久、色泽美丽,在大小器物上都可以应用。

鎏金技术的关键在于用水银溶解黄金,均匀涂抹到器物表面,之后加热使水银蒸发,金质即留在器物表面。鎏金工艺流程大体可以分为五个步骤:第一,制作"金棍",即准备一根一端锤扁翘起的铜棍,反复浸入水银内,使前端沾满水银后晾干;第二,"杀金",先把金箔剪碎成小块,放进加热到400℃左右的容器里,随即倒入水银,搅动水银,黄金即开始熔化,此时尽快把液体倾倒进事先准备好的冷水瓷盆中,溶液很快冷却成为一团浓稠如泥浆的物质,叫作"金泥"。黄金和水银的重量比为3∶7

鎏金铜车辖

或者 3 : 8；第三，抹金，用金棍沾起金泥涂到铜器表面，用刷子刷均匀，直到铜器表面全部被银白色金泥覆盖为止；第四，开金，加热铜器，水银受热蒸发，金子便停留在器物表面，再通过捶打使金质贴合得更为紧密；第五，压光，即用玛瑙或其他硬度较高的玉石在镀金面上压制打磨，使鎏金层更为坚固和光亮。水银蒸汽有剧毒，因此鎏金是一种十分危险的工艺。

中国发现最早的马车位于殷墟，先秦时期马车被贵族大量地应用于战争、礼仪活动、田猎和日常乘坐当中，当时马车的特点为：独辀，有高大的车轮，横长方形车厢可容纳 2—4 人跪坐或站立乘坐，有的有伞盖，车

厢后设门，车前用四匹马或两匹马拉车。战国中晚期出现双辕车，有马拉车也有牛拉车，但直到汉代早期，独辀车仍是主流。秦代已经给包括低级官吏在内的官员配备马车，汉代对车的等级进行了严格区分，禁止商人乘坐马车，皇家往往御用玉辂、金根、安车等，一般官员使用最多的为轺车和轓车。

先秦时期常见的车在汉代被称为轺车，汉代常见的轓车只比轺车多出一对车耳，车耳是装在车厢两侧用来遮盖车轮顶部的挡泥板。安车则是专门的乘坐之车，往往有华丽的篷盖和装饰，秦始皇陵铜车马二号车即为皇帝常用安车，汉代妇女多乘坐安车，一些高级官员或者贵族也会乘坐安车。汉景帝曾规定，高级官员所乘坐的车，两侧车辐都可以涂红，中级官员只能将左侧车辐涂红，低级官吏则不能涂红。可见马车在汉代既是代步、运输的工具，也是身份地位的象征，在汉阳陵帝陵外藏坑中出土大量马车模型和车马器，在陪葬墓园中也有鎏金车马器出土，鎏金车马器华贵、精致，可见当时马车在社会生活当中的重要性。

（刘婷）

成语中的马车

秦末农民起义和多年战争致使民间经济凋敝，据《史记·平准书》记载："汉兴，接秦之弊……自天子不能具钧驷，而将相或乘牛车。"意思是，汉代刚刚建立时，身为天子的刘邦甚至找不到四匹毛色一样的马来给他拉车，可见当时经济凋敝到何种程度，也可以看出当时人对于马车的看重。

马车的重要性在文学史上也留下了许多印记，大量与马车、车马器有关的成语即可证明。例如："驷马难追"用来形容四匹马拉的车跑得非常快，但即便如此，也追不上已经说出口的承诺，"驷马"分列在车辆两侧，中间两匹马叫作"服马"，负责用轭、衡牵引马车往前跑，左右外侧两匹马叫作"骖马"，它们不与车衡相连接，负责马车的左右转向；"分道扬镳"用来比喻目标不同从而各走各的路，镳即是马镳，驾车的御者通过缰绳牵引马镳来控制马的方向；"南辕北辙"意思是心里想往南而车子却往北走，车辙就是马车车轮走过在泥土上留下来的印记，车辕就是车辀；《诗经·勤奋·小戎》里"四牡孔阜，六辔在手"，则是赞美四匹拉车的马非常肥壮精神，六条缰绳握在御者手里方便他掌控方向。

铁钳和铁钛

钳制身体的残酷刑具

西汉（前 206 — 25）

1972年出土于汉阳陵刑徒墓地

　　铁钳和铁钛（dì）是汉代的刑具。图中较大带一条长长"铁翘"的项圈称为"钳"，而两个较小呈圆环状的称为"钛"。作为一套组合刑具，铁钳套在罪犯的脖子上，而铁钛则套在罪犯的脚踝上，两者一般都是组合使用，从而达到控制和惩戒罪犯的目的。

　　汉阳陵展出的这套刑具发现于 1972 年，当时咸阳市红旗公社九张大队的村民在汉阳陵遗址附近修建水利过程时，发现了许多带着铁质器具的人骨架。由于该地距离汉阳陵帝陵封土的直线距离只有 1.5 公里，接到群众的报告后，原陕西省博物馆立刻派出考古专家奔赴现场展开考古调查工

● 铁钳和铁钛

作。经过对已经暴露出来人骨的区域进行考古发掘工作，共清理出墓坑29座、人骨35具。这些墓坑多呈长方形或不规则形状，深度约为0.85米至1.7米左右，排列无序，墓坑中有的为单人葬，有的则为数人合葬或者几具尸体叠压埋葬在一起。根据现场的地层关系判断，这些墓坑应是汉代早期修建的。通过对死者尸骨的形态和骨骼观察，可以发现他们中的很大一部分人都是非正常死亡——有的颈部被利器砍断、身首异处，有的则是骨盆以下关节与躯干非正常断裂，明显是被腰斩而亡，还有些有保持着挣扎呼喊姿态，显示死者生前遭受了极大的痛苦。在这些尸骨周围，均未发现棺椁、葬具等陪葬用品以及其他任何反映死者身份信息的物品，唯一伴随死者在地下长眠两千年的就是部分死者死后仍带着身上的铁质器具——铁钳和铁钛。

已有的资料显示，铁钳和铁钛是汉代开始产生的铁质刑具，其中铁钳用来套住颈部，由项圈和垂直向下延伸的"翘"两部分组成。粗重的项圈牢牢地套住犯人的脖子后，长长的铁"翘"就可以牢牢地顶压住了犯人的脊柱和后背，配合套在脚腕上的铁钛一起使用后，不仅犯人的身体会遭受极大的痛苦，甚至连站直身子快速行走和活动的能力都会丧失，因此起到了惩戒犯人、防止反抗和逃跑的目的。我们今天经常使用的词语"钳制"就是由此而来。

考古发掘结束后，考古专家们还对已发掘墓坑周围的地下埋藏情况进行了考古勘探，发现该区域8万多平方米的地下都有类似的墓坑存在。根据已发掘墓坑的情况进行估算，汉阳陵帝陵西北 1.5 公里的长方形区域内，草草埋葬的汉代死者竟有万余人。结合已发掘墓坑埋葬情况和文献记载，特别是尸骨上所带的刑具进行判断，专家们一致认为这些墓坑中死者的身份应是当年在汉阳陵修建过程中死去的刑徒，而该区域则是专门埋葬这些人的刑徒墓地。

　　秦汉时期，刑徒是指因犯罪而被处以刑罚强迫进行劳役的人。这一时期的刑罚严苛，普通人稍有不慎就会违反律令成为罪犯，因此出现了大量的刑徒。组织和逼迫这些犯人们进行大规模劳役既可以起到惩戒和管理的目的，还可以缓解百姓徭役的繁重，加快大型项目的建设速度，因此秦汉时期一些大型工程营建的过程中都有关于刑徒的记载，如司马迁在《史记》中就记载秦始皇陵园在修建过程中，主要的劳动力就是多达 70 多万的刑徒。至西汉时期，对刑徒的管理则更加完善，如汉阳陵帝陵外藏坑出土了当时专门组织和管理刑徒的政府部门"徒府"的印章。汉景帝在位期间也曾多次下令，对罪犯们减轻刑罚，罚他们修建阳陵，甚至对于一些死刑犯，只要愿意接受宫刑后去修建阳陵，就可以免除死刑。有学者甚至根据西汉初期生产力水平进行推测，认为前后营造了 28 年的汉阳陵陵园每年至少需要动用了 8 万到 10 万的刑徒，才能达到今天我们已知的规模。

　　举国之力来营造的帝王陵园是极其浩大的一项工程，建设的难度和劳作的繁重必然对这些刑徒的身体造成极大的伤害，而罪犯的身份和各级官员的种种苛难使他们得不到生命和生存的保障，大量的刑徒在陵园修建的过程中因为劳累、受伤或者疾病而早早结束了生命，更有一些则是因为反抗、逃跑或者其他原因而被残忍地杀害。因此可以想象，伴随着阳陵陵园内一座座高大宏伟建筑拔地而起的是一个个刑徒悄无声息倒下的身影！当今天的人们站在汉景帝如山一样伟岸的帝陵封土面前，仰首赞叹阳陵陵园的雄浑浩大之时，谁又能想起在这高大封土的背后长眠于地下的近万具白骨呢？

（陈波）

徒刑

"徒刑"是剥夺罪犯自由并强制进行劳动的刑罚，在我国有着悠久的历史。自汉文帝、汉景帝废除肉刑以后，中国古代的刑罚主要就变成了限制罪犯自由活动的"笞、杖、徒、流、死"五种，称为"五刑"。汉阳陵帝陵19号外藏坑中就发现有"徒府"的印章，代表着汉景帝时期就有专门管理全国罪犯以及组织他们进行强制劳动的政府机构。

我们今天的《刑法》中依然还沿用"徒刑"这个刑种，分为"有期徒刑"和"无期徒刑"，这个刑种要求在一定期限内对罪犯实行关押，剥夺其人身自由。凡是有劳动能力的，都应当参加劳动，接受教育和改造。这种劳动是强制性的，体现了我国对罪犯实行劳动和教育改造的政策。

铁染器

宴饮常备 加热酱料

西汉（前 206 — 25）

长32厘米，宽21厘米
出土于汉阳陵东区陪葬墓园

在汉阳陵陪葬墓园的发掘的过程中，出土了一批青铜和铁质地的陪葬品，有青铜的盆、鉴、锤等，这些器物体量都较大，且做工相对精良，经分析是王公大臣生前使用过的实用器，每一件都具有很高的研究价值。然而在这些器物中，有一件看似很不起眼的染器，对它用途的认识却成为学术界一直争论不休的话题。

这件染器为铁质，现已锈蚀得相当严重，但整体结构并未垮塌，还是能看出这件器物的大体样貌。器身为倒梯形，有四足，器身的两条长面上各有三条长方形的孔洞，两侧的短面上各有两条长方形孔洞，底部还开有四条，这些应当为透气孔。在器身内还有一件圆形的器物，已经与染器锈蚀在一起了，目前还不能确定是什么器物。

这件陪葬品虽然被定名为"染器"，但在学术界却一直存疑，争论不断，目前对它的用途有以下几种不同的看法：

第一种认为与染色相关。这种认识早在20世纪60年代就出现了，在一些同类型的器物上发现了"染"字，很多人就断定它与丝帛染色相关。汉阳陵出土的这件器物虽说器身上没有发现任何铭文，但由于在帝陵四周发现了象征制作衣服的部门"东织"的外藏坑，在这条坑道里发现了刻有"东织染官"的印章，加上学者给此器物命名为"染器"，于是有人便直接将这二者联系起来，认为这件铁染器很可能是做丝帛织染之用的染色炉。

第二种认为是做烧烤用的烤炉，炉内放置炭火，在炉上架置烤串，例如洛阳老雒阳饮食博物馆所藏的汉代富人墓出土的陶制烤炉，外形与现代的烧烤炉差不多，下有四足，两端有把手，炉身上也有开的长方形透气孔，炉上架着两根"铁钎"，上面各穿了五只蝉。另外，在四川省雅安市的桃坪遗址也发现了一件类似的器物，长方形，在侧面开出六道小口子，底部还有七个圆孔，据考古专家推测这件器物应该与餐饮和烹饪工具有关，可能是西汉时期的烧烤炉。

第三种认为是染炉。虽说也是炉的一类，但染炉并非单独使用，而是与染杯配套使用，通常情况下都是染杯放置在染炉之上，二者合称为"染

● 铁染器

器"，一些制作精良、讲究的染器，除了染炉和染杯之外，还附有承盘。
类似的器物在湖南、河南、山西、陕西、山东、河北、四川等地都有出土，
时间都属于西汉中晚期，反映出这种器具在历史地域分布广，使用较广泛。

何为"染"？《吕氏春秋·当务》记载了一则寓言：齐国有两个武士，
他们分住城东城西，一天偶尔在途中相遇，同至店中饮酒。饮酒无肉，结
果二人商定互相在身上割肉来吃，"于是具染而已，因抽刀而相啖。"高
诱注："染，豉、酱也。"染杯盛放的是酱，那相应的底下的染炉就起到
加热酱的作用。原先有人将染器说成是古代的小火锅，但就目前发现的染器

体量来看，染杯小而浅，容量不超过 300 毫升，整套染器也高不过 15 厘米，如果用来作火锅的涮菜有些过小，不符合常理，但如果是热酱就能说得通了。

据《礼记·曲礼》记载先秦时期的人们进食时旁边常摆着酱，而食酱惯用凉食，并不需要加热，但到了汉代却流行热酱而食。为何要这样做呢？这应当与当时的一种制作肉食的方法"濡"相关。我国自先秦至汉，制肉食主要有烹煮、炮烤两种方法，《盐铁论·散不足篇》说："潘炙满案，腩鳖脍鲤。""腩"是烹煮的意思，又作"濡"，《礼记·内则》说："凡濡，谓烹之又以汁和之也。"此处的"汁"即《内则》中所说的"欲濡肉，则释而煎之以醢"，"醢"指肉酱，亦可指一般的酱。也就是说"濡"是在将肉食烹煮过后，放进热酱汁中濡染，做到再加热和加味两步骤，之后才方可进食。而濡肉时所用到的器具就是染器，染杯中放入酱汁，底下架起染炉加热，这样就做到了"煎之以醢"的作用。

第四种认为是温酒器。由于染杯的造型和耳杯几乎一致，所以很容易让人联想到用耳杯饮酒，这种看法在考古界还一度非常流行。但很显然这种观点是欠佳的，现出土的染器大多都为青铜或铁质的，虽然汉代流行饮温酒的做法，可是如果将这两种材质的酒杯放在炽热的炭火上加热，论谁也无法端得了这烧热的耳杯，更不要说饮下这滚烫的酒了，更何况汉代有专门用来温酒的器具，汉阳陵就出土了一件专门用作陪葬的陶质温酒器，然而其热源是温水而非炭火。

目前，虽然对这件器物的用途是众说纷纭，但多趋向于第三种认识。

有专家认为汉阳陵的这件铁染器现只保留下染炉的部分而遗失了染杯，该染器体量小，应当符合汉代人的饮食方式，汉代实行的是分餐制，一人一案，一人一炉，再加上其他馔品，就能吃得很饱。

这种染炉体现了汉代前后贵族饮食生活的一个侧面，它是炊器与食器结合使用的一个成功的例证，在西汉时期多流行，至东汉时期，逐渐消失。

（胡雪竹）

汉代饮食文化

西汉初年，为了恢复由于连年战争而受到严重破坏的社会生产，统治阶级推出休养生息的政策，并出台了重农抑商的经济政策。到了西汉中期，农业继续作为最主要的社会生产部门，受到了政府的高度重视。农业生产的发展促进了商业的繁荣和城市的发展，农业技术达到了较高的水平。到了东汉，农业经济更是得到了前所未有的发展。农业生产的进步，社会经济的发展，亦促进了汉代饮食文化的繁荣和发展。

西汉时期，麦、稷、稻、菽已经成为人们的主食，而麦饼、麦粥则是麦食的主要品种。蔬菜有冬葵、芹菜、芋头、芜菁、萝卜、菠菜、葫芦、黄瓜、豆芽、藕、蒜、笋、韭、葱等。肉类品种繁多，六畜均在食用之列。此外鹿、兔、熊、鳖、蟹、螺、蚌等也成为食案上的佳肴。饮品也很丰富，有酒也有茶。

此时，人们掌握的烹调方法也很多样，有"羹、炙、炮、煎、蒸、腊、脯、濯、脍、醢"等，做法多样可谓精细，正如孔子所说："食不厌精，脍不厌细。"这正是对食品品质和烹饪方法的高度要求。汉代饮食文化的精品意识为这句话做了很好的注解。

配合饮食的还有礼仪文化。在汉代，人们吃饭多行分餐制，在宴饮时有歌舞相伴，有男女对舞、建鼓舞、长袖舞、盘鼓舞等，除此之外还有投壶等小游戏助兴。

这一时期，随着社会经济的发展和思想观念的更新，饮食结构丰富，烹饪技法多样，饮食娱乐活动空前繁盛，形成汉代社会独特而灿烂的饮食文化特色，对后世产生了不可磨灭的深远影响。

般邑家铜锺
见证繁华的酒器

西汉（前 206 — 25）

高43.6厘米

出土于汉阳陵东区陪葬墓园

　　这件般邑家铜锺出土于汉阳陵陪葬墓园遗址，短颈，圆鼓腹，腹上铸一对衔环铺首，虽然造型简单，但却是汉阳陵陵园出土铜器中体量最大的一个，盖因文、景二帝时期非常崇尚节俭，故而在阳陵陵园的陪葬墓中很少发现大型铜器。

　　"锺"，《说文解字·金部》解释说："酒器也，从金重声"，《六书正讹·平声·冬锺韵》也说："酒器也，从金重声。从童者乐器，俗混用，非"。可见，锺作为酒器，与古人的饮酒习惯密不可分。锺是汉代铜质容器

般邑家铜锺

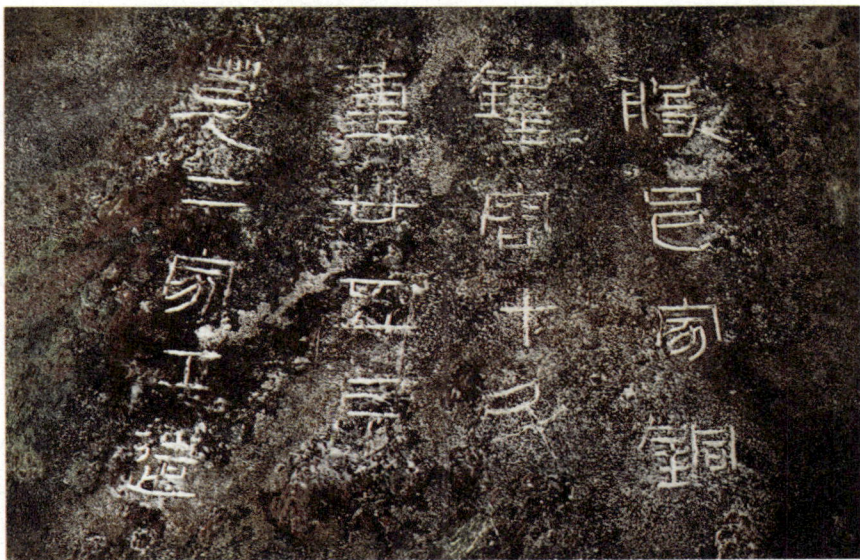

● 般邑家铜锺铭文

的重要种类，其起源较晚，约出自东周时期，在陕西咸阳塔尔坡秦墓中曾出土过这类青铜器。

中国商周时期就已经具备了高度发达的青铜制造技术，青铜是指铜和锡的合金，因颜色青灰而得名，商和西周早期一般是一个模只能翻一次范，所以当时的青铜器几乎没有两件是完全一样的。西周中期开始出现一模翻制数范的新方法，从而推出了青铜器的铸造技术，也使青铜器的产生数量得以增多。

商代青铜器器形巨大，气魄沉雄，具有厚重威严的气度，周代青铜器器形减小，纹饰趋简，类型增多，礼制性功能得到强化，具有实用与礼仪的双重作用，并在此基础上形成了天子、诸侯、大夫、士各阶级使用青铜器数量逐级减少的礼制。同时，随着铸造技术的提高和家族观念、功勋观念和历史观念的持续增强，周代青铜器上大量出现记事铭文，政治军事、天子纪年、家族传承等内容，对于研究当时的政治经济军事文化具有十分重要的意义。

战国时代起，青铜器的礼制、装饰作用日趋减弱，实用性显著提高，繁复的装饰被简洁的纹饰所取代，工艺难度降低，生产数量得到提高。汉代除器皿大量出现，仅汉景帝阳陵陪葬墓园中就出土了铜钵、铜鉴、铜匜、铜釜、铜炉等生活用具，其共同特点是无纹饰或仅以弦纹装饰，器壁较薄，显然是大量制造的。

汉阳陵陪葬墓园中出土的般邑家铜锺，是目前在汉阳陵已发现的最大的一件青铜器，它造型简洁大方，器形适中，装饰朴实无华，上面刻有"般邑家铜锺，容十斗，重三十五斤，第二，家工造"的篆书铭文。这是当时流行的做法，与周代青铜器动辄几十上百字的长篇铭文不同，它们仅是对其质地、容积、重量及归属等一般性内容的记叙。"般邑"可能是当时皇帝封给诸侯或公主的封号，"容十斗"是说铜锺的容积为十斗，"重三十五斤"是说铜锺的重量为35斤。"第二"是说这是这批青铜器的第二件，"家工造"是说铜锺是自家手工作坊做出来的。"邑"在《说文解字》中解释为"国"，清代段玉裁认为"《左传》凡称人曰大国，凡自称曰敝邑，古国邑通称。"《史记·五帝本纪》中也说：一年而所居成聚，二年成邑，三年成都。"般邑"简而言之就是名为"般"的封地封号，可惜今天已经无法得知其详细信息。"家"，是指卿大夫的统治区域。《论语·季氏》中说"丘也闻有国有家者，不患寡而患不均，不患贫而患不安"。因此，般邑家应该理解为"般地封邑"，而不能理解为家庭、家族。

在汉代考古发现中，锺的出现较为频繁，仅陕西就有诸如1953年兴平茂陵附近出土的"中私官锺"，1981年茂陵一号陪葬墓一号外藏坑出土的"阳信家铜锺"，1984年3月旬阳县渡口汉墓出土的"旬阳重七斤锺"等。前两件上刻有明确纪年或封邑归属，后一件仅刻有地名和重量，但是它们与"般邑家铜锺"铭文在结构和内容上均较一致，也反映了这一时代实用青铜器铸造和使用的特点，这些铭文被人形象地称为汉代的"商标"。"般邑家铜锺"是目前汉阳陵遗址区域内发现的器型较大、铭文较多的一件青铜生活用具，对于研究汉代的青铜铸造、度量衡标准和贵族生活都具有十分重要的意义。

（赵超）

『车骑将军』金印

象征军权 位比王侯

西汉（前 206 — 25）

长0.7厘米，宽0.7厘米
出土于汉阳陵南区2号外藏坑

　　"车骑将军"金印出土于汉阳陵南区 2 号外藏坑中。印章下部为正方体印身，上半部造型为一乌龟。乌龟昂首向天，背部拱起，四足与印身连为一体。印面为正方形，阴刻"车骑将军"四字，字迹涂朱。印章整体造型古朴浑厚，书法娴熟。这枚印章体现了南区外藏坑的级别与地位，具有重大历史价值，对研究汉代军制具有重要意义，也为研究南区外藏坑的性质提供了证据。

　　在中国古代，为了方便携带和防止印章丢失，人们往往会在印章顶端

「车骑将军」金印

作出带穿孔动物造型，用来穿绶带以便将印章佩戴在身上。后随着中央集权的不断加强，封建等级制度越来越严苛，作为官员身份象征的印章，印纽上的造型也成为区分官员等级的重要标志。在两汉时期，以虎为印钮象征执掌权力的君主，以龟为印钮则象征臣子的功勋与谦卑。因此《汉旧仪》记载"皇帝之玺，金螭虎钮"，而汉阳陵出土的"车骑将军"金印及"宗正之印"银印均为龟纽印章。

"将军"一词最早出现在《左传》当中，春秋战国时期将军作为作战主帅，有正、副，上、下之分，但还不是固定的官职。西汉时期将军才成为正式的官职，并有了爵位和等级。"车骑将军"最早见于《史记·灌婴传》，是因战事而临时设置的军中官职，战事结束即取消。汉文帝元年（前180），用薄昭为车骑将军，自此成为固定官职。东汉的将军也是中央政府的重要组成部分，有大将军、骠骑将军、车骑将军、卫将军、前将军、后将军、左将军、右将军。大将军位在三公上，骠骑将军、车骑将军、卫将军在三公下。前、后、左、右将军，位在九卿下，不常置。车骑将军在西汉诸将军中位列第三，仅在大将军和骠骑将军之下，地位与上卿相当，金印紫绶。西汉规定，王、公、侯用金印，两千石的官职用银印，千石以下用铜印，车骑将军金印的出土表明了它地位十分尊崇。

大将军、骠骑将军与车骑将军三个职位很少同时设置，在大将军、骠骑将军不常设的情况下，车骑将军的地位非常显赫。这个职位可能得名于车骑将军统领车兵和骑兵，例如汉文帝十四年（前166），匈奴寇边，汉文帝令张武为车骑将军，"军渭北，车千乘，骑卒十万人"。车骑将军主要执掌四夷屯警、京师兵卫、征伐背叛，还执掌一些礼制性活动，出使宣诏、举荐官吏等。汉昭帝之后，车骑将军往往加封最高级别武官大司马之号，兼领尚书事，位居三公，掌管京师乃至全国武装力量，可视为全国最高军事指挥官，同时对于行政事务具有非常大的权力。

西汉时期共有22人担任过车骑将军的职位，比较著名的有汉高祖时期的灌婴，文帝时期的薄昭、张武，景帝时的周亚夫，武帝时的程不识、卫青、公孙贺，昭帝时的金日磾、上官安，宣帝时的张安世等。在西汉早期主要是临时设置的军职位；文帝、景帝、武帝时期成为固定官职，主要由亲信和外戚担任；昭帝之后主要由外戚担任，手握大权，地位非常显赫。

（刘婷）

封泥

封箴物品　保密凭证

西汉（前 206 — 25）

残长2.92厘米，宽2.69厘米
出土于汉阳陵陪葬墓园

　　这枚封泥出土于阳陵邑遗址。泥质，近方形，侧面有明显的指纹印。正面有四个阳文隶书"阳陵令印"，字体清晰。由于原印是阴文，钤在泥上便成了阳文，其边为泥面，所以形成四周不等的宽边。背面较平，有四道绳纹勒痕。由于软泥入槽多少不一，印章在盖印过程中，如正好填满方槽，则泥块干后呈方形，如软泥多而溢出方槽，则这块泥干后呈不规则的圆形，加之年代久远，自然剥蚀脱落致使封泥的边缘残缺破损，这种宽厚的边栏，粘连断续，极富变化，给人以古拙质朴，自然率真的美感。

西汉早中期，在帝陵的建设的同时，会在附近设置陵邑。在咸阳塬上汉景帝阳陵外，汉高祖长陵、汉惠帝安陵、汉武帝茂陵、汉昭帝平陵都设有陵邑，它的居民数均在万户以上，建制与县相当，故而直接设"令"，其行政长官为邑令、长。据《汉书·景帝纪》云："五年春正月，作阳陵邑。夏，募民徙阳陵，赐钱二十万。"由此可见阳陵邑的设置比较早，景帝在位时即已存在，我们认为阳陵邑发现的"阳陵令印"封泥，就是阳陵邑令的印文，属于直接负责管理陵邑的管理者。与"阳陵令印"同时发现的封泥还有"阳陵丞印""阳陵右尉""孝景园丞""霸陵左尉""茂陵丞印""粟邑令印""陈禁之印""公乘甾印"等上千枚官印、私印封泥。这些封泥都是西汉早期阳陵地区行政管理和与外界社会交流的证物。

封泥又叫作"泥封"，最早关于封泥的记载来自《后汉书·百官志》："守宫令一人，六百石。本注曰：主御纸笔墨及尚书财用诸物及封泥。"最初的印章不是盖在纸上，而是盖在泥上，为古代缄封简牍钤有印章以防私拆的信验物，故而封检是它最主要的用途。因此我们今天所说的封泥其实是一种官印的印迹，是保留至今盖有印文的干燥坚硬的泥团。

据史书记载秦始皇本人非常勤于政务，常常"躬操文墨，昼断狱，夜理书"。于是，中央各公卿机关、全国各郡县的奏章便向这里源源汇集。一本奏章就是一捆竹简，作为当时的一种保密措施，上奏官员要将竹简捆好，并糊上泥团，再在泥上钤上自己的玺印，然后放在火上烧烤，促其干硬。奏章被送到章台，值守吏要呈送秦始皇亲自验查，封泥完好，确未被

奸人私拆偷阅，才敲掉泥封壳御览。封泥最后会作废处理。这一制度的推行保证了公文的严肃性和有效性，起到了防止伪造公文的作用，为国家实施有效的行政管理创造了条件。魏晋后，由于社会物质文化的发展，纸张、绢素的应用日益广泛，封泥之制渐废。而印色逐渐通行。今天结合文献资料与实物资料来看，在东晋时期，纸书开始正式为官方采纳，在南北朝期间，封泥与印色交替的过渡时期，随着纸的推广，其文献中开始出现了"朱印"和"骑缝印"。虽然封泥失去了原有的作用，然而，在中国印章艺术史上具有十分重要的地位。

封泥除了封检尺牍、文书外，还有一个重要用途——封物。《周礼·地官·司市》记："凡通货贿，以玺节出入之。"这里就讲明了用封泥封物来取得凭证进行货物的流通。为了防止别人擅自拆启，用泥把容器口填实，然后盖上印。要么就是用布把器口罩住，在器口沿下用绳扎紧，用封泥把绳头封住，最后盖上印章。所封之物在汉代可能是坛、箱、仓等。1972年，湖南省博物馆发掘长沙马王堆一号汉墓，出土一只硬陶罐，口部用草填塞，草外敷泥，上置"封泥匣"，封泥上钤有"軑侯家丞"四字印痕，并系有墨书竹签，写明罐内存贮食品的名目。在阳陵帝陵陵园的14号外藏坑里，整齐摆放有数量众多漆木方箱，是用来装纺织品的。在这些箱子的顶部中央发现保留完好的铜质封泥匣，匣里都有"大官之印"封泥的保留。

"封泥"多用青泥，也传说用紫泥或者金泥的，或者是他们的混合体。青泥质块坚韧，故能传千年。今存的秦、汉印，多半是供殉葬的明器，它的制作及篆刻的艺术水平较彼时的实用印章颇有高下，而封泥则是官方制作和颁发的或私家日常使用的玺印所留下的印迹，从这一点看，封泥印保存的学术价值和艺术价值，一点也不亚于印章。

（张琳）

火漆印

火漆，又叫封蜡，这种西方古典的封缄方式，它是把不同比率的焦油、辰砂和虫漆混合加热成的一种黏合剂，颜色通常呈红色或棕红色。法国人用火漆加封，还以火漆颜色区分内容，红漆为官方文件，棕漆为赴宴请柬，白漆为婚嫁喜庆。使用时在重要的文件或信件、包裹等封口处滴上烧化后的火漆，趁热盖上金属章，这样任何人企图私自打开都会造成火漆破损。与火漆封缄配套的还有金属的火漆印，而火漆印的内容通常是大家族或者皇室贵族的徽章。

西汉茶叶

千年一叶 世界最早

西汉（前 206—25）

出土于汉阳陵帝陵外藏坑

1998 至 2005 年，考古工作者对汉阳陵帝陵封土东侧的 15 号外藏坑进行了考古发掘，发掘结果显示该坑以木隔断为界分为东西两段，其中西段主要放置木车马和着衣式陶俑，出土了"仓印""甘泉仓印""别藏官印"等 3 方铜印，显示该坑道可能代表着汉代负责管理粮食仓储的官署机构；东段以有机质残留为主，大量的纤细的片状有机物质混合、叠压在坑底。考古专家根据经验辨认出其中有一部分为粟等粮食遗迹，而还有一部分颜色从棕色到黑色不一的"细长松散有机物质"，由于坑道填土的叠压和部分的腐败，已经难以辨认出来。

出土后的茶叶标本

分离后的茶叶标本

15号外藏坑发掘结束后，考古人员将出土的有机质标本送交中国科学院地理科学与资源研究所、地质与地球物理研究所、植物研究所等多所专业植物鉴定机构进行鉴定，最终确定这些"细长松散有机物质"为"棕黄色层状集合体，由宽约1毫米，长约4-5毫米的细长叶组成，未确定植物种类。"但是对于这些植物标本到底是什么，此次鉴定没有给出答案。随着科研技术的进步和新研究方法的产生。2015年，中国科学院地质与地球物理研究所的科学家们等，利用植物微体化石和生物标志物方法再次对这一不明植物遗存标本重新进行了鉴定，确定这些有机质遗存是目前世界上发现最早的茶叶实物。而采用最新的清洗和分离方法清理出的这批出土茶叶每一颗都"一枪一旗"，几乎都是由最鲜嫩的茶芽制成，显示出该批"御茶"所具有的非凡品质，这估计也是汉景帝把它带入地下的原因吧。

史书记载，公元前141年，汉景帝驾崩并入葬阳陵。按照汉代规制，汉景帝的帝陵外藏坑最晚也应该于该年内封闭、填埋，因此汉阳陵发现的茶叶实物应该最迟也是公元前141年就被埋藏于地下的外藏坑中，这表明在至少2160年前的西汉早期，汉代的宫廷中就已经开始饮食茶叶了。

2015年底，这个研究成果被发表在英国《自然》杂志的网站上后立刻引起了世界各地茶叶文化爱好和研究者的关注，各路媒体纷纷转载，因为在此之前，世界上最古老的茶叶实物发现于中国北宋时期（960—1127）的墓葬中，这一发现将中国出现最早的茶叶实物提前了至少1000年时间。

目前，茶已经是一种风靡世界的非酒精类饮料，与咖啡、可可并称为世界三大饮料。世界上有三分之二的人口都有喝茶的习惯。在中国，茶早已经深深的融入中国人的日常生活和文化基因当中，老百姓的日常生活就被形象的归纳为"开门七件事，柴米油盐酱醋茶"。

作为茶叶的原产地，中国人的古代文献中留下了很多关于茶的记载：在中国第一部药物学专

GUINNESS
WORLD RECORDS

CERTIFICATE

The oldest tea leaves ever discovered
are around 2,100 years old and
were discovered by the Shaanxi Provincial
Institute of Archaeology (China) during
their excavation of the Han Yang Ling
Mausoleum between 1998 and 2005.
The tea leaves went on display
in the Hanyangling Musuem,
in Xi'an, Shaanxi, China
on 18 May 2016

OFFICIALLY AMAZING

● 汉阳陵出土茶叶的吉尼斯世界纪录认证书

著《神农本草经》就有："神农尝百草，日遇七十毒，得荼而解之"的记载。陆羽在《茶经》也明确提出"茶之为饮，发乎神农氏，闻于鲁周公"。宋代人撰写的文献中记载了卭川严道（今四川雅安地区）一位活了一百五十多岁的"甘露道人"吴理真，传说他曾经于公元前53年徒手攀上蒙顶山，并在山顶种植了七颗茶树，因而被认为是中国最早种植茶叶的人，称为"蒙顶山茶祖"。在西汉神爵三年（前59）王褒的一篇《僮约》中还出现了中国人烹茶的记载。但是由于唐朝以前的各种文献中主要用"荼"来表示茶，而"荼"在古代汉语中中不光代表茶，还是指代着其他几种植物。因此许多文献中关于茶的记载其实一直是有很多争论和异议的，这种混乱的局面直到《茶经》的作者陆羽将"荼"字减一横改为"茶"字后有所好转。此次汉阳陵出土的茶叶以实物的形式将中国最早茶叶的出现时间定格为西汉初期，这对研究中国茶的起源和茶文化演变的无疑具有非常重大的意义。

　　鉴于汉阳陵发现世界最早茶叶对于我们认识世界的重要意义，吉尼斯世界纪录委员会主动与汉景帝阳陵博物院联系，提出可以免除认证费用、免费为该项世界纪录进行认证。2016年3月，汉景帝阳陵博物院与陕西省考古研究院就汉阳陵出土茶叶联合申报吉尼斯世界纪录认证，2016年5月6日，吉尼斯世界纪录认证仪式在北京举行，吉尼斯世界纪录大中华区总裁罗文（Rowan Simons）亲自为汉景帝阳陵博物院和陕西省考古研究院颁发了认证证书，并且高度评价了该记录的价值，他说："中国一直以来就是茶叶的故乡，而这项纪录让我们对中国有了更深刻的了解，我们也非常愿意将茶叶纪录背后的故事挖掘出来，分享给世界。"

2018 年 5 月 18 日，在 "博物馆日" 来临之际，汉景帝阳陵博物院特别举办了 "千年一叶——陕西汉阳陵出土世界最早茶叶" 展览，对外展出了汉阳陵出土的茶叶实物，希望能够利用汉阳陵国家一级博物馆和国家首批考古遗址公园的平台优势，向广大游客宣传和展示这一考古发现的重要意义，让更多人了解中国茶文化源远流长和中华文明的多姿多彩。

（陈波　胡雪竹）